الإسلام في اليابان والقرآن الكريم
: الحاضر والمستقبل

日本のイスラームとクルアーン

現状と展望

日本のイスラームとクルアーン編集委員会 編

晃洋書房

はじめに

二〇一九年二月初めに、東京大学東洋文化研究所において、シンポジウム「日本のイスラームとクルアーン」が開催された。同大学と日本ムスリム協会の共催によって開催されたが、その際の趣意は次のようであった。

「テロなど時事的な勢いが退く中、正面から宗教としてのイスラームに関心が傾きつつある。このような潮目の変化を背景として、本シンポジウムにおいては、日本におけるイスラームとクルアーン、さらにイスラーム学の現状を分析し、今後の展望を得ることを目的とする。」

テロの勢いが後退する中、宗教としてのイスラームに正面から向かう流れが強まっているのは、寄せられる質問や、他宗教との対話においても見られる。一つには、社会現象としてのイスラームというよりは、信仰体系としてのそれに主要な関心が払われるケースが増えてきているのだ。それはクルアーン研究やイスラーム学に、一層繊細で地についた内容を求めることとなり、例えば一つ一つの用語にもより精緻な再検討を迫る可能性がある。

また日本におけるイスラームに対して、テロは本当のイスラームではないはずだといった従来のような柔軟な、あるいは同情的な姿勢ではなく、歯に衣を着せぬ態度が頻出するとも予想される。それは場合によっては、従来は欧米に顕著であって問題となってきたが、日本国内でもイスラームに対する嫌悪感の表明となるかもしれない。他宗教の現代社会における困難とも重なりつつ、真に宗教的寛容が問われる事態である。

本書では以上のような問題意識を共有しつつ、各分野においてどう対応しうるのか、そしてすべきなのかに関し、それぞれの執筆者が専門的見地と広い視野から分析し、見解や提言を行っている。なおこの課題は、ただにイスラームの理解促進というにとどまらず、日本が現代国際社会の新たな思潮に対して島国的にならずにいかに脱皮・成長するかということ、そして日本における宗教環境の適正さを保つ努力の一環という位置づけともなる。

さらに小田淑子 元関西大学教授は、長年の間宗教学という立場からもイスラームにつき研究されて、日本では非常に貴重な貢献をしてこられた。今般はそのような背景を基礎に世界の宗教のあり方と日本におけるイスラーム、そしてイスラーム学に関する考察と助言をまとめていただいた。本書におけるさまざまな議論を提起し、またそれを集約する面もある、全体の文鎮のような役割を期待する。

また上述のシンポジウムが東洋文化研究所において開催されたことは、中でも長沢栄治教授のご理解とご協力の賜物であった。同研究所においては従来、イスラーム関連の諸研究が多数成果を上げて来ているが、同教授はそのような流れを受けつつ、さらに一段と前進させられたと考えている。折から退官される時期と重なったが、改めて今後のご健勝とご活躍を祈念したい。

顧みるに日本ではイスラームはまだ小さな存在である。主として明治維新以降の事であり、信徒数が増えて研究書が増えたのも、それほど古い話ではない。それでも前述のイスラームを取り巻く思潮の変化もあり、漸く日本社会でもいろいろの意味でイスラームが本格的に定着する時期が到来するのではないかとの実感がある。一つの大きなメルクマークとなるのは、原典であるクルアーンの新訳（『クルアーン――やさしい和訳』水谷周監訳著、杉本恭一郎訳補完、国書刊行会、二〇一九年）が刊行されたことである。それは日本語も十分なじんだもので、一般読者にも容易に通読されるように工夫されていることが特徴である。これは今後のイスラーム紹介や研究の新たなアプローチを示していると思われる。

仏教が我が国に招来されてより、日本の社会や文化になじむには長い年月を要したが、イスラームも大なり小なり似た変遷を辿るのであろう。すべては一歩一歩ではあるが、それらの尽力により一人でも多くの方々の心が救われ、ひいては社会全体が安寧の心で満たされ、真に平安な生活が確保されるようになることを願わざるを得ない。

なお本書の編集に当たっては、前述のシンポジウムにおける五名の講師がそのための委員会（とりまとめは水谷周氏）を結成して、協力して作業に当られてきた。ただしいずれも各論の文責は、各執筆者自身が負うものである。

二〇一九年九月七日

日本ムスリム協会会長　徳増公明

日本のイスラームとクルアーン――現状と展望◆目次

各　論

日本のイスラームとクルアーン――現状と展望◆総論発題

宗教学から見たイスラームと日本的宗教

小田淑子

小田淑子（おだ　よしこ）

大阪外国語大学ペルシア語学科卒業、京都大学大学院文学研究科宗教学専攻、修士課程修了（文学修士）、博士課程退学、シカゴ大学大学院留学。東京大学文学部助手（イスラム学研究室）、京都女子大学短期大学部助教授、関西大学文学部教授（比較宗教学専修）（二〇一八年三月退職）。『宗教学を学ぶ人のために』（共著）世界思想社、一九八五年、『教養の学としての宗教学』昭和堂、一九九九年、『岩波講座　宗教』全一〇巻（共編著）、岩波書店、二〇〇二—〇三年。論文多数。

はじめに

グローバル化が目前に迫っていて、子どもたちに英語教育を始めるそうである。日本人とは異なる言語、文化、宗教をもつ外国の人々と交流し、共生するために、語学力はある方がよい。だが、語学は会話の道具であり、会話の内容も大事である。それが相手の考え方や文化の知識であり、異文化理解に役立つのが宗教に関する知識なのである。恐らく、日本人は「なぜ宗教なのか。宗教なんて時代遅れの過去のものではないのか」と思うかもしれない。それが残念ながら、現代の日本人の宗教観でもある。

宗教も変わりつつあるのは確かだが、容易に消滅もしないだろう。それは日本も実はそうなのである。以下に、日本で現在、イスラームについて学ぶことの重要性について、少し思うところを述べておきたい。

一　日本におけるイスラーム研究

イスラーム研究には、一方にイスラーム世界で初期から始まり、今日まで続く、ムスリム自身による神学的研究やその他の伝統的学問がある。他方、ヨーロッパ近代に始まった人文学・社会科学の分野で行われてきたイスラーム研究があり、一般的にイスラーム研究と言えば後者を指す。ヨーロッパでは東洋学という分野で、インド・中国・イスラームなどアジアの諸文献を校訂、翻訳、解題などの研究が進められた。つまり前者のイスラーム世界内部の諸研究は東洋学の研究対象となり、欧米など非イスラーム世界に紹介されてきた。東洋学は文学、歴史、哲学などの古典文献を研究したが、そこには多くの聖典と宗教関連の文献があり、宗教研究に特化しなかったが、宗教研究も多い。東洋学はその後、インド哲学・仏教学、中国哲学、イスラーム研究などに分化してそれぞれに発展してきた。

日本では、仏教との関係からインド哲学・仏教学の系統が早くから受容され、今日まで発展している。中国思想研究も、江戸時代の儒学研究の伝統があり、大学に学科が設置されて続いている。それに対し、イスラーム研究は日本の大学に学科が創設されることはなく、ほとんど紹介されなかった。戦後になっても、イスラーム研究は東洋史やアラビア語やペルシア語などの学科で少しずつ行われていたが、一九七〇年代の石油危機の際に、イスラーム研究の重要性に関心が高まったが、実現することはなかった。一九八二年に東京大学文学部にイスラム学科が創設されたが、イスラームを学ぶ学生は残念ながら多くない。インド哲学・仏教学と中国思想の研究の厚みに比べ、イスラーム世界内部の膨大な文献の紹介は、日本では非常に少ない。イスラーム研究は地域研究の分野で増加していて、イスラーム研究の幅を広げているが、イスラームの宗教・哲学関連の研究はまだこれからという段階である。

蛇足だが、この二〇年ほどの大学の状況を振り返ると、アジアの諸思想研究の分野で学ぶ学生は少ないままである。そして今後の状況を考えると、少子化ゆえに、大学は縮小傾向にあり、古典的な思想研究の分野に陽が当たるとは考えにくい。研究職のポストがなければ、若い世代にイスラーム研究を勧めるのも辛い状況だろう。この状況はやむを得ないと思うが、やはり長い目で見れば、人文学全般、歴史と思想、宗教、文学など古典的な世界を知ることは今後の人類にとって大事である。また、差迫った問題である、グローバル化に伴う多文化共生、諸民族との共生に備えるために、文化全般、とりわけ各文化の根底にある宗教を理解することは非常に重要であることを強調すべきだと思う。

ここで少し、戦前の日本におけるイスラーム研究に言及しておきたい。それは大学以外の研究所など行われており、それは学術的研究であるより、当時の政策と関連したイデオロギーとしてイスラームを利用する研究だったことを意味する。戦争前の大東亜共栄圏構想は、日本をアジアの盟主とするイデオロギーだったが、それに関連してイスラームに関心がもたれた。特に東南アジアを大東亜共栄圏に巻き込む意図で、東南アジアに根づいていたイスラームを知るためだけに研究されたのではない。欧米列強に対抗するために、彼らの植民地支配や干渉に苦しめられていたイスラーム諸国はアジアの同胞であり、しかも、イスラームは欧米に対抗するイデオロギーにふさわしいと評価した人々がいたのである。山岡光太郎（一八八〇―一九五九）、田中逸平（一八八二―一九三四）、有賀阿馬士（文八郎）（一八六八―一九四六）たちは、神道の天照大神あるいは天之御中主神（アメノミナカヌシノカミ）とイスラームのアッラーを同一視し、神道とイスラームの親近性を説いた[1]。クレーマーによれば、大川周明（一八八六―一九五七）はイスラームと神道の親近性ではなく、大乗仏教的な精神からイスラームを日本的精神に接合しようとしていると分析している。クレーマーは戦前のかなり早い時期から井筒俊彦の岩波文庫版までで、クルアーンの翻訳が今日まで六種類出版されたことに着目して、上記の人々に言及している。大川周明については臼杵陽による研究が最近出版され、大川の戦前と戦後のイスラームへの関心、捉え方に大きな変化を示すことが説明されている[2]。これらのイスラーム研究は、当時の日本の政治的状況の下で、日本的精神とイスラームとに親近性を見いだしたという共通点をもつ。これらの研究は、戦後の日本ではほとんど忘れられていたし、この潮流が戦後に引き継がれることはなかった。

私はこれらの戦前の日本によるイスラーム研究に詳しくないため、詳細なコメントはできないが、今日のイスラームの知識から、彼らが十全にイスラームを理解してこのような折衷主義を主張したとは思えない。具体的にイスラームの五行を日本でどのように行うつもりだったのか、もし何も行わずにイスラームを統合できると考えていたなら、それだけで、彼らの理解の不十分さを指摘することができるだろう。ここで気づくことは、当時はせいぜい何枚かの写真でメッカ巡礼の様子を知る程度で、今日のように写真、映像、動画を通じてムスリムの集団礼拝や断食、犠牲祭を知ることはなかっただろう。そのため、当時のイスラームの知識は文字情報に限定され、とりわけ聖典であるクルアーンを学ぶことに集中し、六信五行の重要性を頭で理解しても、その具体的な姿は印象の薄いままだったと思われる。ちなみに、今日では逆で、映像による知識が先行して、モスクでの集団礼拝など映像を見て、現代の多くの日本人が「イスラームは戒律の厳しい宗教」だと知り、そのことへの嫌悪感を抱く人もいる（戒律嫌いについては後述）。政策に引きずられたとはいえ、戦前に日本的宗教に安易な接合を見いだすような研究が出現したことは負の遺産として記憶に留めねばならない。現代に同じ主張が出現するとは思えないが、日本的宗教は今も根絶せずに残存していることに注意すべきだと思われる。

戦後の日本のイスラーム研究は、戦前の研究から断絶して始まり、一九七〇年代までは非常に少なかった。歴史学の分野やイスラーム関連の語学研究者からイスラーム研究が始まり、一九八〇年代以後には、いわゆる欧米の文献学的研究の一部も紹介されると同時に、地域研究の分野で多様なイスラーム研究がなされ始めて、今日に至っている。多くの研究により、イスラームのさまざまな特徴が明らかになり、特に近代以後のイスラームの諸地域のあり方、政治との関係、インターネットの導入による変化、イスラーム金融など細部の研究が増加している。最近の日本での研究は、欧米の研究にも目を通し、無視するのではないが、イスラームからイスラームを理解しようとする姿勢が強い。また、欧米の研究にも、以前のようなイスラームへの偏見と誤解はほとんど見られない。だが、欧米でも日本でもイスラームの宗教学的研究は少ないままである。以下に、イスラームの宗教学的研究の重要性について少し説明したい。

二　宗教学の立場

私は宗教学の立場に立ちつつ、イスラームの宗教性を研究してきた。宗教学は近代ヨーロッパで成立した比較的新しい学問分野で、人類の宗教史をふまえてさまざまな宗教や宗教現象を客観的に理解しつつ、宗教とは何かという根本問題を考察する。このような宗教学は、一方では、原典を文献学的に研究する仏教などの専門家から、「多数の宗教を研究対象にすることは、原語を知らない宗教についても、翻訳で読んで研究するだけだろう。それで精緻な宗教真理が分かるのか」と批判される。他方、信仰者にとって大事で繊細な宗教真理を「客観的」に研究することは、しょせん「他人目線」の研究にすぎない、信仰者でない他人に何が分かるか、と批判される。この双方からの厳しい批判には一理あり、宗教学の旗色は悪い。

しかし、一つの宗教を綿密に研究するだけでは分からないことや、他宗教との比較によって初めて気がつく問題もある。私が日本的宗教土壌という問題を考察するきっかけは、信仰者の生活という問題を宗教の問題として捉えるイスラームの宗教性を理解したことだった。日本では、仏教とキリスト教の比較研究は多いが、両者の比較では見えない問題がイスラームを視野に加えることで見えてきた問題だった。ここに、宗教学的研究の重要性がある。

第二に、宗教学の重要性は、宗教の多面性や複合性を公平に捉える開かれた場をもつことである。伝統宗教の内部には対立する分派の教義、各地の土着の宗教との混淆などがある。難解な教義思想も重要だが、大多数の信仰者の日常生活に溶け込み、ほぼ社会慣習となった宗教文化も宗教の一面である。イスラームの場合でも、スンナ派・

シーア派それぞれの神学と法学があり、井筒俊彦が研究対象としたスーフィズムの神秘哲学と、ときに「民衆スーフィズム」と呼ばれる聖者崇拝もあり、そして何よりもシャリーアを遵守する多数のムスリムの日常生活がある。どれもイスラームの宗教性である。さらに、宗教学の内部でも、宗教を個人の実存的問題と捉える立場から見ると、宗教が時に社会・政治問題に関与し、教会などに制度化される一面は宗教にとって堕落のように見える。だが、後者も次に述べる理由で、宗教の統合的理解にとって重要である。

宗教学では世界の宗教史を概観して、宗教の構造を解明し、宗教の一般理論を構築してきた。ただし、宗教の構造は信仰する当事者には重要ではなく、実際に意識されていない。そこに宗教学に固有の研究があるのだが、宗教学が信仰者の立場から批判される点でもある。身近な例では、日本人は初詣に行くが、その意味を理解しているわけではない。古代宗教と先住民の宗教は新年儀礼を重視し、自分たちの居住空間という世界が無事であることを祈願する。初詣はこの古代宗教の由緒正しい儀礼だが、現代の日本人にこの感覚が残っていたとしても宗教だとは思っていない。別の典型例が創唱宗教の宗教共同体の形成である。世界宗教は一人の創唱者（教祖）の神秘体験と布教活動により信仰者を集め、宗教共同体を形成して存続する。ウェーバーはイスラームを「現世順応型の戦士の宗教」と誤解しているが、カリスマ的人格から職業・身分としてのカリスマへの移行を制度化論として展開した。このウェーバーの理論は妥当性をもつと私は思っており、後にイスラームの場合がどうなるか検証してみたい。

宗教が共同体を形成し、世代間伝承で存続することは、すべての宗教に共通する特徴である。民族宗教（先住民の宗教）の始まりは不明だが、民族や部族を宗教共同体として存続する。世界宗教と新宗教は一人の創唱者の教えと布教活動から信者を獲得して成立し、共同体を形成して存続する。つまり宗教は子どもにも教えられ、世代間伝承する（存続しなかった宗教は、歴史的には宗教とは認められない）。それが哲学との相違であり、同じ「知」であっても、哲学にはない宗教固有の「知」がある。おそらくそれは生にとって不可欠な知という意味をもつのだろう。宗教の「知」と同様に、宗教にとっての共同体は宗教の存在にとって固有で不可欠の要素である。この点はすでに、ヨアヒム・ワッハが示している。(3)

なお、私の理解する宗教学は、上から目線で宗教の定義を振りかざし、諸宗教を切り分けるのではない。宗教の定義さえ決定していない。多数の定義があり、どれもある程度妥当性をもつが、その一つに決定することはしない。すべて暫定的で、作業仮設的な定義にすぎない。宗教学の一般理論と諸宗教の個別研究は解釈学的循環の関係にあり、個別研究の成果を一般理論に取り入れることで、宗教とは何かという根本の問いへの答えを刷新できる。従来の理論やカテゴリーを変容し、新しい理論を導入することもできるのであり、宗教学は宗教に関する諸分野の研究に開かれていると考えている。

イスラームの問題は、創唱宗教でありながら、教会・教団制度を作らなかったことである。ウェーバーのモデルを少し変容して、イスラームの制度化問題をごく大雑把であるが、以下に解明してみたい。イスラームの宗教構造の解明は、宗教学にとっても、今まで気づかなかった問題を見いだす貢献をなしうると私は考えている。

三　イスラームの宗教学的研究

シャリーアを重視する宗教性は、ウンマが信仰の共同体であると同時に生活共同体でもあることに基づく。クルアーンに「ウンマ・ムスリマ」という表現が一カ所だけだが見られる（二：一二八）。これは単にムスリムたちの集まるウンマではなく、ウンマが「神に帰依した、神の意に適った」生活共同体・社会であることを示唆し、そういうウンマの確立が要請されている。そのためには、信仰者の良心と道徳だけでは不十分で、クルアーンに見られるような法規範を必要とする。このウンマの理念は、クルアーンの人間観に基づく。神が人間を精神と身体の統合として創造したことである。当たり前すぎる事実だが、クルアーンは身体を卑下しない。結婚も商売も人間の当然の営みであり、信仰者はどこかの生活共同体で家庭をもち経済活動をしている社会生活者である。結婚と経済活動を否定しない点で、イスラームは過度の禁欲を説かないが、社会生活の中で神への帰依を求め、六信五行にあるように、一日五度の礼拝、一年に一カ月間の断食、喜捨など、一定の禁欲を要求する。(4) それゆえに、イスラームは来世を忘れた現世順応の宗教ではなく、終末と来世を信じる現世内禁欲型に相当する。この点でウェーバーがイスラームを誤解したことは明らかだが、律法をもち独立した生活共同体でもあるウンマを重視するイスラームの宗教性と、内面の信仰と心情倫理を重視し、徹底して個人に収斂するプロテスタントの宗教性を同じ類型の宗教だとは認めないことにも納得せざるをえない。

シャリーア重視の宗教性の特徴は、社会秩序、とりわけ家族のあり方をイスラームの規範の遵守により保つことが含まれる点である。ムスリムはムスリム同士で結婚する規範により、ウンマはジャーヒリーヤのアラブ部族社会から断絶し、宗教共同体として独立することになった。ただし、シャリーア体系の形成過程を丹念に見れば、ジャーヒリーヤ時代の慣習もイスラームの原則に違反しない限り、受容されたと思われ、この点で、理念的、原理的な断絶と、歴史的現実的な連続性も認められる。

日本人の宗教観と比較するとき気づく相違がある。それは、日本人が宗教を死と結びつけて考えるのに対し、クルアーンでは死の不安に関してはまったく言及がないことである。相続規範は親族の死を想定しているにも関わらず、死期の迫った人とその家族の不安には言及がない。死期は神の定めと受け止めるように記されているだけである。それは、日本人にとって死者の弔いや供養などの死者儀礼が宗教の事柄として重視されていることと関連するだろう[5]。他方、イスラームにとって、死は終末の裁きまでの中間状態で、決定的な意味をもたない。イスラームでは個人の生き方がその人の来世を決定するので、家族が供養することもできない。仏教では生老病死の四苦として捉え、苦からの解脱を求めるが、日本人の宗教は「病と死を前にした人間の問題」であり、イスラームは対照的に「健康な社会人の宗教」という性格を強くもつ。イスラームでも日本でも、人間には健康な社会生活と病と死の苦しみが人間の生に付きまとう以上、両者の宗教性をじっくり考え、互いに学ぶこともあるのではないかと私は考えている。私は、今さら日本的宗教が戒律を課すはずもなく、信仰による結婚の制限を受け付けるはずもないと思っているが、プロテスタントの「信仰は個人の内面だけの問題」という宗教理解の問題も感じている。イスラームのシャリーア重視の宗教性は日本にとっても、宗教学に対しても、宗教とは何かという問いを考察するための大事な問題を提起しているように感じている。

次に、イスラームにキリスト教のような教会制度が創設されなかったことは、信仰者と神との仲介者、救済権限をもつ聖職者を必要としないからである。預言者ムハンマドにもそうした救済権限はないのであり、キリスト教のような聖職者が発生するはずがなかったのである。ただし、イスラームも創唱宗教であり、まったく制度化なしに存続しつづけたとは考えにくい。周知のようにウンマは一度も制度にも組織にもなっていない。イスラームの制度化はシャリーアの制度化で支えられている。シャリーアが体系化され、シャリーアによる統治をカリフ（後にはさまざまな政治の実権者）と法学者が担った。シャリーアによる統治が作用している場所がウンマなのであり、中東以外に散在したムスリムはいわばウンマの属人区としてそのメンバーだった。

イスラームの権威の構造が他宗教と異なる点は、ムハンマドの権威よりクルアーンの権威が上位にあることであり、ムハンマドはクルアーンに従う存在だった。イスラームでは、神と人間の仲介はムハンマドの人格ではなく、啓示、クルアーンだった。W・C・スミスは、神のロゴスの受肉がイエスであり、イスラームではそのアラビア語化がクルアーンだと述べている。(6) 彼の死後もムスリムを神に仲介する聖職者はいない。ムハンマドの預言者活動は教えを説きに歩き回ることではなく、メッカの不信仰者と戦い、メディナでムスリムの直面するさまざまな問題を解決することだった。ムハンマドの権威は救済者ではなく、ウンマの指導者として、人々をまとめ、ウンマを歴史的に確立するためにクルアーンを解釈し、当時の社会状況に適用する法判断者でもあった。ムハンマドのカリスマ的人格には政治的実権者と法学者の両面が統合されていた。彼の死後、彼の権威と権限のすべてがカリフに移行したのではなく、カリフは行政権と軍事権のみで、預言者の法判断（クルアーンの解釈）は法学者に引き継がれた。さらに、重要なことは、預言者の言動がスンナとして記録され、クルアーンに次ぐ権威をもつことになったことである。ウェーバーとワッハの制度化論がイスラームにうまく適用できないのは、二人の図式が創唱者の人格的カリスマから始まり、聖典さえも創唱者の言葉からテキスト化されると考えている点である。イスラームにクルアーンという彼の人格より上位にクルアーンの権威が存在することを見誤っていたことだと私は考えている。(7)

キリスト教と比較すれば、キリスト教ではイエスが救世主であり、その権限を使徒たちが引継ぎ、さらに聖職者と教会へと移行したのがキリスト教教会で、キリスト教徒は教会に属し、教会で神と出会い、赦しを得られるのであり、教会が救済論的に重要な意味を担っていた。イスラームでは、信仰者と神を仲介する聖職者はいず、カリフも学者も無学な者も、すべて同じように神を信じてシャリーアに従う、これしか救済に至る方法はない。このように理解すると、イスラームの構造をある程度説明することができる。

シャリーアによる統治がウンマの意味だとしても、歴史の中でイスラーム世界では各地の事情に応じてかなり自由度のある統治が行われてきた。ただし、近代化によって、各地に「近代国家」が成立し、各国が国家単位の法制度を整え始めたことは、やはりウンマにとっての一大危機には違いない。ただし、シャリーアには儀礼規範があり、儀礼規範に関しては今日もイスラーム世界で遵守されている。

四　日本の宗教と宗教共同体

日本の宗教の説明は、イスラームのように教義が明快で、他宗教との混雑の少ない一神教に比べると、厄介でむずかしい。今までは、仏教研究者は神道を宗教とは認めずに、日本の宗教史を語り、神道研究者は仏教が根づいている事実をほぼ無視して日本の宗教史を語ってきた。だが、今日にいたるまで、大多数の日本人は神道と仏教の双方に関与している。一般には、神仏習合と言われるが、神道と仏教は融合した一面をもつが、両者の相違を保っている。宗教学者のジョゼフ・M・キタガワはこのような日本人の宗教のあり方を「宗教の分業」と名づけた[8]。一神教の伝統ではありえないが、個人が複数の宗教に属して、矛盾を感じず、状況に応じて複数の宗教を使い分けることである。キタガワは江戸時代の武家社会の倫理を儒教が担ったとして、儒教を加えて説明するが、ここでは省く。神道は地域社会の宗教で、新年など季節の儀礼、田植えなど生業に関わる儀礼を行い、精神的な問題や死者儀礼（葬儀、法事、墓参）を仏教で行っている。私はキタガワの説明が神仏習合より適切だと思うが、彼の説明はなぜか日本であまり支持されていない。

神道は民族宗教として日本民族あるいは国家（キタガワは national community 国体と言う）を宗教共同体とする。私はこの共同体を「日本的宗教土壌」と名づける。創唱宗教である仏教はサンガ（僧伽）を作るが、サンガが出家者集団を意味するなら、仏教の共同体は出家者を支援する在家信者を含んで成立する。日本で仏教が受容され、寺が建造されたが、日本の宗教土壌に根づき、神道を維持し、そのメンバーの一部が在家の仏教信者になった。その後、日本に新しく中国経由で受け入れられた仏教宗派もそれぞれ教団を創設して信仰者を増やしたが、これらは時には既存の宗派と対立したこともあるが、既存の宗派を根絶することなく並存していった。とりわけ鎌倉仏教は多数の農民などを改宗させ、浄土宗、浄土真宗、日蓮宗は巨大な教団を作った。各宗派の教義は異なるが、どの宗派も信者たちの社会生活を独自に規定せず、信者たちは既存の社会規範に従った。仏教が出家者の宗教という性格をもっていることに由来するのだろうが、仏教は在家信者の社会生活（結婚や経済活動）に独自の規範を定めず、各地に既存の社会規範を受け入れた。さらに、江戸時代にキリシタンを締め出すために寺請制が導入され、家（世帯）を単位に寺に帰属した。家の宗教となった仏教は死者儀礼を行い、実質的な先祖崇拝になって今日まで続いている。異なる宗派の農民たちは村の地域共同体で氏神崇拝と田植えの祭りにも参加して、共同で農作業を行ったと思われる。真宗は阿弥陀仏の信仰のみを強調し、仏教の中で一神教に近いと言われるが、神道儀礼に参加せずに、地域共同体で生活することは不可能だっただろう。キタガワの言う宗教の分業であるが、日本には神道を拒む宗教共同体は存在しなかった。仏教諸派は教義も経典も異なり、例えば浄土系の念仏と日蓮系の題目のように儀礼も異なるが、日本的宗教土壌に根ざすかぎり、宗派の相違をあまり気にしない。それは、イスラームのウンマが最初からムスリム同士の結婚を定めたことで、ジャーヒリーヤの部族社会から断絶した宗教共同体を形成したこととの大きな相違である。

近代になって都市化が生じると、人々は「寺と墓を田舎に残して」[9]都会で暮らし始め、都市で同じ宗派の寺に帰属することはなく、盆と正月に帰省して墓参をする。特に戦後、都市郊外にニュータウンが広がり、日本の新興住宅地には寺も神社もない。身近に寺院や神社のない生活が、日本人の「無宗教」という感覚を助長してきたかもしれない。この宗教土壌は今日の日本にも存続しており、明治以後のキリスト教徒たちもこの宗教土壌と格闘することになった。個人でキリスト教徒になっても、長男であれば、自分の親や祖先の死者儀礼と墓守の義務から免れにくく、寺と関わり続ける。あるいは、結婚した相手の家が仏教であれば、家族の一員として死者儀礼に参加せざるをえないからである。少数の仏教信者も、自分の育った家と婚家の宗派の相違に困惑する人もいると聞く。日本的宗教土壌は、日本人でさえ個人の信仰を徹底することを阻む場合があるのである。

大多数の日本人は宗教の二重帰属を平気で受け入れており、最近では「自分は無宗教だ」と表現する人も多い。この背景にある宗教観を考えてみたい。一つには、現在、少なくとも戦後は、無宗教を恥じない文化が日本にある。むしろ宗教の帰属を明示する人を嫌い、避ける傾向がある。それは、日本人は大半が自分と同じ宗教土壌にいると想定して、改めて聞く必要もないと考えているからである。それはまた、日本人が個人のアイデンティティーの要素として宗教帰属を重視していないことも示唆する。国際的に見れば、信仰の自由は基本的人権の要素であり、信仰を重視する人々が世界に存在する。日本人はそのことを知識としては知っているが、自分の実存的問題としては理解していない。上に述べたように、日本人であっても個人の信仰を強く意識する人に対して、日本の宗教土壌はそれを疎外するように作用する。同じように、宗教を基本的人権の問題だと主張する外国人の信仰者との間で齟齬が生じる懸念もある。

大多数の日本人は地域社会の一員として地域の神社の氏子であり、同時に家の一員として檀那寺に属し、その仏教宗派に属しているが、個人の宗教帰属意識は弱い。このような宗教帰属意識の曖昧さの原因なのか結果なのか不明だが、日本人は日常会話の中で宗教について語らない、語ることを嫌う。私はそれを「宗教アレルギー」と呼ぶこともあるが、これも単に個人の好みの問題ではなく、日本文化に根づいている。後述するが、戦後の教育の中で宗教についてほとんど教えてこなかったことにも明らかに原因の一つであり、宗教教育は早急に見直されるべきだと考えている。祭りは大好きで、法事や墓参は大切に行うが、それらを「宗教」として意識することはなく、外国人に説明することもできない。さらに、日本人は宗教だけでなく、さまざまな場面で言挙げを嫌うが、これも日本文化に潜む性格だろう。推測に過ぎないが、古代の言霊信仰に由来して、言挙げを避けるようにも思われる。現代人は言霊を畏れるとは言わず、自分の信仰を語り、真面目に宗教については話すことが照れくさく、気恥ずかしいという感覚をもっている。

　日本人は宗教に対して寛容だと言われるが、そうではない。日本的宗教という大きな枠組みの中で何を信仰しようとおおらかで寛容である。だが、その枠組みの外に出ると、さまざまにバッシングされ、村八分でいじめられ、果ては排除される。キリスト教の結婚式は、日本的宗教の枠組みの中で受け入れたキリスト教様式にすぎない。日本人は神の（柱）数が増えることに何の違和感もなく、キリスト教の神も八百万の神の一人に加えたつもりである。これが日本人の言う、他宗教への寛容さであって、自分の枠組みの広さ、融通がつくことを自負している。だが、キリスト教徒が、神社への寄付や参拝を拒み、家の死者儀礼にも参加しないと言えば、日本人はそのキリスト教徒に不快感を抱くだろう。ムスリムは日々の生活の中に礼拝の時間があり、年に一度の断食があり、食べ物にも規制があり、日本人と一緒に行動できない場面が多い。キリスト教徒以上に、日本的宗教の枠組みと衝突する可能性が高い。現状のままでは、ムスリム人口が増えた将来に、日本で上手に共存することは難しいだろうと予測している。

　現代の日本人は、個人のアイデンティティーとしては宗教を意識していないが、日本的宗教の伝統の中で生きており、宗教的感覚を保持している。日本的宗教土壌は多神教であり、一神教を嫌い、厳しい戒律を嫌う。戒律嫌いは現代だけではない。天台宗が大乗戒を取り入れ、親鸞の無戒（いずれの行もおよびがたき凡夫）に至って、日本では在家信者はほとんど戒律がない生活に慣れてきた。明治時代に欧米の食生活に倣って牛肉食が推奨された時、仏教界から反対はなかった。イスラームで豚肉食を推奨したら、大反対が起きるだろう。日本は戒律を緩める方向には簡単に流される。

誰にとっても自分の文化が心地よい。日本人には日本的宗教土壌が心地よいが、それが一神教の信仰者には不快である面をもつことを知っていなければならない。こういうことも、現代の宗教教育の中で教えるべきだろう。日本的共同体の他者排除は根が深いことを強く認識する必要がある。

五　宗教教育の必要性と共生のマナー

日本が今後、真剣に他民族、諸宗教、多文化共生の社会に変容することを願っているなら、日本の宗教土壌を容易に変容できないが、知識によって、異質な他者を他者として認めて、他者の自由を認めて共生するマナーを学ばねばならない。これは容易ではないが、日本的社会に風通しをよくする、いいきっかけにもなる。

現代の日本に必要なのは、世界と日本の宗教についての教育である。義務教育の段階でも現在よりは世界の主要な宗教（信者数の多い宗教）について教えるべきだと思われる。宗教教育が問題になる場合、宗教的情操教育と宗教に関する知識教育のどちらを重視するか意見が分かれるが、私は学校という場では、知識教育を重視する。制度として宗教教育を導入するには、手続きも踏まねばならず、その過程でさまざまな方向から反対意見が出て審議に時間がかかることも予想される。その場合、ムスリムやヒンドゥー教徒を含む移民を日本が認める場合に、宗教教育という名称ではなく、「多文化共生のマナー」という名目で、世界の諸宗教について教えることが、緊急を要する課題であると同時に、柔軟で自由度の高い、実質的な宗教教育に相当すると私は考えている。

その内容について、重要なテーマをいくつか列挙しておきたい。現代でも宗教は生きていること、宗教を信仰することは怪しげなことでも特別なことでもなく、ごく普通に健全に生きる人々の問題であることを教えることが必要である。したがって、宗教を信じる人々を侮蔑してはならない。自分は信じなくてもいいが、相手の信仰を尊敬する気持ちで接することが大事である。信仰の自由は基本的人権の要件の一つだからである。相手の宗教、信仰を尊敬する気持ちがあれば、相手の宗教について、付き合う上で気を付けることについて質問してもいいことも教えておく。

第二に、宗教は教義（教え）だけではなく、さまざまな儀礼（礼拝、祭り）を伴うことも教える必要がある。日本人はなぜか、宗教は心の内面の問題と理解している人が多いからである。「心の中で何を信じていてもいいが、布教はしないでほしい」と言う日本人も少なくない。布教は儀礼ではないが、宗教的実践であり、相手の信仰の自由として認めなければならない。日本人の布教嫌いは、布教されたら、自分の宗教を伝えて断ればいいのだが、自分の宗教を語ることが苦手で、断ることができないからである。儀礼以外の実践には、イスラームの断食や禅などの修行も含まれる。儀礼は行う日時や場所が決まっていることが多い。礼拝の時間がとれるように、学校や職場が配慮する必要性を教える。日本人が諸宗教に寛容だと自負するのは、内心の信仰の自由のみであり、行動面では決して寛容ではないことも注意する必要がある。儀礼など宗教を理由にした欠席や、同一行動からの逸脱を容認することが大事なのである。多少の不便があっても、行動面での自由を認めないと、信仰の自由を守ることにならない。

第三に、日本人も自分の宗教についてもある程度、言葉で説明できるようになる必要がある。すでに説明したように、宗教に関する話題を語らないことが文化となっている日本で、自分の宗教を最低限に説明できるように訓練することも必要だろう。文化を変えることは大事で、容易にできることではない。緊急の対応として、外国人に日本の宗教について問われた時の模範解答を教えてもいいだろう。この説明は日本人の間でも話せるようになることが望ましいが、まずは、グローバル化への対応、外国人への対応という名目で始めると、始めやすいだろう。

成熟した寛容・共生のマナー

日本的宗教土壌は日本文化でもあり、容易に変化しない。それを変えることは難しく、また抵抗もあると予測されるが、グローバル化を進める日本において、現状のままではムスリムたちと共生しにくいと危惧される。日本人は、異質な他者を他者と認めた上で、共存することに慣れていない。まだ真の他者と出会っていないとも言える。一つには、ムスリムたちは礼拝やハラール食の問題で、日常生活の場で日本人と同じ行動をとらない、とれないことが多い。宗教は内面の信仰に留まらず、行動面にも及んでいるので、信仰の自由を認めるとは、自分たちとは異なる行動を容認することを含む。このことが日本人には充分に理解されていない。重要なことは、相手が同じ行動を拒み、別行動をとる場合、相手の要望を受け入れる。その理由が不可解なら、なぜ同じ行動ができないのかを尋ねてもいい。日本人は宗教について相手に質問してはいけないと思い込んでいる。日本人同士で宗教について話すことはめったになく、誰かが宗教の話をし、自分に質問されたら困惑し、迷惑に感じる。だから、相手も同じだろうと勝手に思い込んでいる。あるいは、宗教は個人情報なので、それを尋ねることは失礼、いけないことだと教えられているかもしれない。行動が異なり、食べ物が異なるように、個人の宗教は外見で分かることなので、相手の宗教を知ること、そのためには相手に尋ねることは、付き合う上で大事なことである。それが、海外で最初に宗教を問われる理由である。宗教に関して質問することも、普段の習慣にはないため、この習慣を変えることは難しいかもしれないが、ムスリムと付き合うには必要なことである。

さらに、日本人は同じ食事ができないという理由だけで、ムスリムとまったく付き合わないと決めがちであるが、このすべて同じでなければ排除するという考え方を改める必要がある。食事は別にするが、その他に一緒にできることは一緒にすればいいのである。二〇一八年、朝日新聞に「ハラールをたずねて」と題するコラムが一〇回連載され、日本で暮らすムスリムたちのことが紹介されていた(10)。その中に、子どもの学校給食への対処方法が紹介されていた。一カ月の献立表を予めもらって、豚肉料理のときなどは、母親が自宅で同じ料理をハラール肉で作って、学校に届ける。だが、ハラールを厳しく守りすぎると、子どもが誕生パーティーに誘われなくなるのではないかと心配する母親がいると書かれていた。新聞記事には、このことについて何のコメントもなかったが、私は、給食に関しても、母親の手作り弁当を持たせることを許可したなら、同じ料理である必要はないと感じた。学校の教師かクラスの友だちが同じ料理にするように強いるのか、それとも母親が自分の判断で同じにするのか、そこに同調圧力が作用しているのではないかと気になった。宗教的理由で、一人だけ弁当持参を認めるなら、それは当然のことだと教える機会でもある。誕生パーティーも同じで、誕生パーティーにムスリムの子どもを招くとき、豚肉加工品のハム、ソーセージも出すなら、ムスリムの子どもは自分の弁当を持参して、一緒に食べられる料理やデザートを楽しめばいい。「ムスリムの子どもが食べられる料理だけを用意することは大変だから、招くのをやめよう」ではなく、お互いに無理をせず、窮屈に考えすぎず、楽に付き合うことができなければ、長続きしない。すべて一緒でなければ友人でないという考え方を卒業することが望ましい。

イスラームのみでなく、ユダヤ人とヒンドゥー教徒と付き合うには、このような食生活の相違を知っていなければばならず、分からないことは尋ねなければならない。ムスリムとの付き合い方を教え、あるいは注意するには、学校の教師が適任だが、教師自身、こういった問題意識をもっていない場合もあるだろう。相手の宗教について質問することは、ごく基本的なことだが、日本人にとってはハードルが高い。特に、一人の母親が「ムスリムの子供を排除する」と提案した場合、それに反対する母親は勇気がいるだろう。それが日本的同調圧力である。同調圧力は日本だけでなく、他の国々や文化にもあるだろうが、歴史的にムスリムやユダヤ人と長く共存してきた地域では、日本よりは共生のマナーが浸透している。日本も、まず、ムスリムたちと付き合う機会に、同調圧力から自由になることを学ぶ、良い機会にするべきだと思う。

最後に、日本人の間にイスラームやユダヤ教、ヒンドゥー教など戒律や律法をもつ人々と付き合うマナーを教えるために、日本でイスラームに関する知識が広がり、宗教についても従来の考え方から抜け出る必要がある。こうした環境を整えるために、日本でイスラーム研究者や宗教学者にできる貢献があるはずだと思っている。

注

（1） Hans Martin Kraemer, "Pan-Asianism's Religious Undercurrents: The Reception of Islam and Translation of the Qur'an in Twentieth Century Japan," in *The Journal of Asian Studies*, Vol. 37, August 2014, pp. 619–640（Published online in 16 September 2016）http://journals.combridge.org/abstract S0021911814000989.

（2） 臼杵陽『大川周明——イスラームと天皇のはざまで——』青土社、二〇一〇年、一九—二〇頁。

（3） Joahim Wach. *Types of Religious Experience: Christian and Non-Christian*, The University of Chicago Press, 1951, pp. 30–34. なお、拙論「イスラームの宗教性」（板垣雄三監修、竹下政孝編『講座イスラーム世界4・イスラームの思考回路』栄光教育研究所、一九九五年、所収）参照。

（4）イスラームでは断食と喜捨は五行（義務行為）に属するため、それ以外の禁欲行為（zuhd）とは区別して、義務だと認識している。だが、断食や喜捨は宗教学的には明らかに宗教的禁欲行為である。このように捉えると、イスラームは享楽的な現世順応型ではなく、現世内禁欲として性格づけることができる。

（5）仏教も教義では個人の修行や信仰が往生を決定すると教えるが、日本では死者儀礼を仏教が担い、死者供養を重視してきた。

（6）Wilfred Cantwell Smith, *Islam in Modern History*（Mentor Book, 1957）pp. 25-26（W・C・スミス『現代におけるイスラーム』中村廣治郎訳、紀伊国屋書店、一九七四年）.

（7）拙論参照。"The Concept of the *Ummah* in the *Qur'an*," *Orient*, Vol. 18, 1984, pp. 93-108, 日本オリエント学会。"Muhammad as the Judge: An examination of the specific quality of Muhammad's charismatic authority," *Orient*, Vol. 20, 1991, pp. 58-72, 日本オリエント学会。「シャリーアの救済論的意味」『宗教哲学研究』8号、一九九一年三月、（三六―五一頁）。

（8）Joseph M. Kitagawa, *The Quest for Human Unity; A Religious History*, Fortress Press, 1990, pp. 2-3. *Religions of the East*, The University of Chicago Press, 1968, pp. 278-309. 拙論「宗教共同体――人間の宗教性と社会性」『京都女子大学宗教文化研究所紀要』8号、一九九六年、二―二三頁参照。

（9）日本における都市流入者が通う寺を持たないことは、イスタンブル郊外の新興住宅地に小さいが新しいモスクが多いことに気づいたことから、日本との相違に気づいた。最近の日本では、田舎への墓参の習慣さえ壊れ始め、墓仕舞いなどの問題が生じている。日本的宗教のあり方にも変化が生じているようで、新しい問題があるが、この直近の問題には本稿では立ち入らない。

（10）「ハラールをたずねて」朝日新聞夕刊（関西版）二〇一八年六月五日～六月一五日。

日本のイスラームとクルアーン——現状と展望◆各論

クルアーン和訳と日本のイスラーム

水谷　周

本論のタイトルは、少々変哲もない響きかもしれない。しかしその意図は、「クルアーン和訳」の実際の作業を振り返ると、そこに「日本のイスラーム」理解の特徴や種々の問題点が鮮明に浮き彫りにされてくるということである。さらに言えば、和訳作業を通じることによってこそ、具体的に判明する諸課題もある。したがって筆者の個別の事例を扱う場合でも、その背後にある全体の展望が真の標的であるということになる。

一　クルアーン遍歴

筆者は二〇一九年二月、クルアーンの新和訳(1)を刊行することができたが、思うにクルアーンとの初対面を果たしてから、ちょうど五〇年経ったということになる。半世紀の節目とは言っても、残る時間との関係からは、人生の折り返し地点でないのは残念である。ただそこに意味があるとすれば、この時間の推移は大なり小なり、戦後の日本がクルアーン、そしてイスラームと接してきた一つの歴史をなしており、いくつかの特徴的な諸局面を物語っていることであろう。

ちょうど筆者が大学へ入った頃であったが、家の本棚に大川周明の『古蘭』(2)があって、そのページをめくっていたことを覚えている。彼の『回教概論』(3)も並んでいた。アラビア語を参照したとはいっても、基本的には英仏語などの外国語訳からの『古蘭』の和訳完成は一九四八年であるが、それは筆者の生年と同じであったのは奇遇である(ただし出版は二年後)。筆者の生家は寺院であったので、宗教書は仏教関係の他キリスト教も含めて、中規模な図書館ほどの蔵書があった。

それから数年ほどして、井筒俊彦によりアラビア語からは初めてとなる本格的な和訳『コーラン』が出版された

（一九五七―五八年）[4]。当時貪るように読んだ覚えがある。特にクルアーンのサジュウと呼ばれる特殊な文体の説明など初耳の事ばかりであったが、すっかり納得できたように思えた。その文体は、いわば巫女の神憑り的な言辞であるというのである。他方、そうはいっても実際の訳文を見ると大半はすっかり日常的な、ベランメイ調ともいえるほどの砕けた話法であったのには驚かされた。そしてそれは確かに当時の表現法であったかもしれないが、それならばわれわれにとって通常の日常的な話法にする方が自然に受け止められるのではないかとも思わせられた。ちょうど関西では、「もうかりまっか」という表現で、「ご機嫌いかがですか」という挨拶に用いるのと同じ原理である。あるいは、神憑り表現と商業表現をスッキリ仕分ける方法も工夫する余地があるのではないかなどと、一人読後感を持っていた。

井筒のクルアーン関係の著作だけでも多数に上るし、どれも高い評価を得ている。特に『コーランを読む』[5]は、市民講座の記録であり平易な言葉ではあるが、クルアーンの第一章だけを深く掘り下げて、その一つの窓からイスラーム全体の宗教的理解を示した名著である。また『意味の構造』[6]は、クルアーンの倫理道徳用語について各用語の意味論分析を行うことで、それぞれの用語の原義を解明するという新規な手法で成果を上げたものである。その手法の鋭さと目覚ましいばかりに対象に純粋に迫る姿勢に感動して、筆者自身が一九九〇年代に、エジプトのイスラーム史家アフマド・アミーン（一九五四年没）の思想研究[7]において援用させていただいた手法ともなった。以上の井筒の諸作品は、日本のクルアーン研究史の中での突然変異ともいい得るほどの存在であった。しかしそれは、戦後のクルアーンへの日本のアプローチを、世界レベルまでに一気に底上げしたことは間違いない。

他方、クルアーン和訳に関しては、一九七〇年に大阪外国語大学（当時）の高名なアラビア語教授陣による『コーラン』[8]が出された。同訳書は、熟した日本語で読みやすく分かりやすいとして好評であった。ただなぜか、その後和訳史の中ではあまり重きをなしてこなかった。筆者の読後感としては、時にイスラームの宗教的な理解を掘り下げないままに、合理的ではあっても解釈が表面的とみられる箇所があったのが気になった。それよりも、多数の図版が挿入されているが、預言者ムハンマドの姿も頻繁に登場するのである。説教をしているところもあれば、カアバ殿の前で礼拝をするところ、また天馬に乗ってマッカからエルサレムに夜の旅をする場面も出てくる。どこから転載されたのか、出典は明らかにされていないが、ペルシアの細密画のようなものも、そうでなくアラブ風の図柄のものも含まれている。いずれにしてもイスラームで最も警戒される多神信奉（シルク）の代表ともいえる、似顔絵までが堂々と多数登場しているのは、本当に冷や汗ものである。また脚注は非常に多くにおいて、聖書との関係を説明しており、どちらに軸足を置いているのか疑問が生じることもある。やはり欧米文献に依拠した影響であろう。以上、要するにクルアーン和訳ではありながら、イスラームで本来是認されない現象に満ちている。親切心からであったとしても、非常に危ない橋を渡っていることには変わりない。そのような状況からして、クルアーン和訳史で比重が軽くなっても仕方ないということであろう。

そうこうしているうちに一九七二年に刊行されたのが、三田了一老師の和訳(9)であったが、それは世界初のクルアーンの公認翻訳書であったとされる。筆者の大学生活も終わりに近い頃であったが、それを聞きつけて出版元から急ぎ自宅まで郵送してもらったのであった。彼は足掛け三年ほどマッカに留学して、その地で苦労をして学んだという、何か中世のクルアーン学習を地で行く姿をほうふつとさせるものがある。それだけに彼にはいまだに多くの敬意が払われている。他方対訳の書籍にはアラビア語表記の過ちが指摘されて、全面改訂を余儀なくされた。そしてその労作は、日本ムスリム協会版『日亜対訳・注解　聖クルアーン』として継承されて、今日まで継続して訳語の改正はそれなりに行われている。そしてこの和訳が現在最も広く活用されているものといえよう。

その後は、シーア派の和訳（『聖クルアーン』）[10]や、名古屋にあるパキスタン系のアハマディヤ派の和訳（『聖クルアーン』）[11]が独自に出された。その頒布状況は未だに限られていると見られる。他方、全国的に流布したのが、二〇一四年の中田孝監修『日亜対訳　クルアーン』[12]である。大部な労作であるが、その元本となったのは、中田香織訳『タフスィール・アル＝ジャラーライン（ジャラーラインのクルアーン注釈）』[13]である。注釈書であるから、その中にクルアーン自体の和訳が含まれている。その和訳を元本にして、改訂を加えたという次第だ。ちなみに注釈書の方は、アラビア語であれば一冊のものが、和訳となると三巻本となることからだけでも、いかに和訳作業は大変かということが分かる。その内容は克明な訳業であり、専門性も高い。しかし強いて言えば、それが難点となった。つまりアラビア語では代名詞は頻繁に使用されるのが自然であるが、「あれ」、「それ」という代名詞ばかりが並んでいると、日本語としては読みづらい以上に、どれを指しているのかにわかには判読できないという問題が生じる。もちろんそれも承知の上であくまで忠実に訳すことを目指したものであったと理解されるが、一般読者にとってはたまったものではない。

以上のように見てくると、クルアーンの和訳はそれぞれ工夫されて、あるいは当面の特定の目的には資するのであろうが、全般的には少々群雄割拠といえなくもない状態にあることが分かる。そんな中、筆者だけではないが、アラビア語を学んでからは、クルアーンの和訳を見なくなるという現象が生じてくるのであった。直接にアラビア語原文を読んだ方が早いし、理解も確定できるからだ。その間苦労させられていたのは、もっぱら和訳を読む一般読者ということになる。筆者のところにも多数のそのような読者から、読んでも分からない、それは自分が悪いからだとばかりに、苦情、惨状の声が続き、中には泣き出す人もいた。それには本当に身に詰まされる思いをしてきた。

ここまでくれば、もうあまり多言を要しないであろう。肌身に痛痒を感じさせられたのは筆者だけではないだろうが、明らかに読者に「やさしい」和訳が求められていた。それはベランメイ調である必要はないし、多神信奉の疑念も生じさせず、要するに普通の日本人として理解されるものであってほしいということである。そして望むくは、他の啓典に振り回されずに、イスラームの啓示の書としての導きを示す注釈も望まれるところであろう。

二　訳業上の障害と課題

戦後のクルアーン和訳史の推移と筆者を通して見た現状をかいつまんで述べてきたが、その先達の回顧や反省を踏まえつつ、それでは自分で和訳に挑んでみようということになった。しかしその転機は突如にではなく、長年月の間に自然とそのような気持ちが熟成されていたという方が正確である。事実、和訳の仕事に当たることとしてから、新規に参考書を購入する必要はほとんどなかった。すべて関係の必要文献や情報は、筆者の身の回りで、その日を待ちわびていたようなものであった。これには自分でも驚かされたが、他方自らが準備完了ということが目に見えるようで安心もできた。こういった状況は、イスラーム的には「アッラーの御差配により」という表現となり、それも恵みとして感謝するが、それを念のために一筆することは許されるであろう。

1　訳語の不足と欠如

アラビア語から日本語に置き直すとはいっても、現今の機械翻訳のようには行かない。幾多の障害があるが、まず手短な問題は、訳語がないかあるいは極めて不十分なものしかないというケースである。しかもそれらは、多くの場合、宗教としてのイスラームの本質部分に係るケースが少なくないのである。それらはほとんどが、抽象的な内容のものである。[14] 事例として、以下にいくつか取り上げてみよう。まずは、慈悲（ラフマ）と正義（アドル）というイスラームの二大価値を教える言葉である。

「慈悲」[15]という言葉を知らない人はいないだろうが、イスラームのそれは絶対主であるアッラーのみが発揮しうる働きであるという認識はまずないのが普通である。ムスリムでもそれなりに勉強しないと、それがアッラーの占有物だということは意識がないだろう。またイスラーム流の定義でも、慈悲とは人間の情け心のようなものであり、それ以上は定義不可能であると説明される。人間ができることは、そのアッラーのお慈悲を自分の周囲の人々にももたらされるようにお願いすることに限られるのである。慈悲というような、広くも深い作用はアッラーにしかないとしても当然であり、そうであることを知ることは、慈悲とは何かを知ることでもある。自分にも他人に慈悲が与えられると誤解しているということは、慈悲が何かも分かっていないということである。

それではそもそも仏教用語であった慈悲を、イスラームとしてどのように言えばいいのか、筆者も知らない。知らない以上、やはり先達の和訳者同様に「慈悲」としか訳しようはなかった。注において、以上のようなイスラーム的な意味合いを説明するのがせいぜいである。他方、従来の和訳においては、そのような区別の説明もなかった。ということは、仏教と変わりない慈悲心を信者が持とうとしていたという、悲劇に近い状況であったということになるのだ。

「正義」[16]も同様である。現代日本ではほとんど正義ということは話題とならないし、生活感覚としては縁遠くなってきているものである。本当にそれでいいかどうかは大いに問題だが、それは社会道徳の問題であり別問題である。イスラームの正義概念は、本来アッラーから見てあるべき状態が正義であると規定され、認識される。それは極めて抽象的なものであるので、そもそもテロリストなどがその直接行動の原動力とする性格のものではない。しかし時代の趨勢からして、そのような事態が生じてきたというに過ぎない。イスラームの教える正義とは、人権であれ、政治経済的な利害関係であれ、広い平等感覚ともいえるものである。それは天秤の均衡がとれている感覚で、よくギリシアなどの彫刻に見られるし、またそれは欧米の裁判所などの前にも影像として見受けられる。いずれにしても、日本語の正義とはいわば勧善懲悪的な、あるいは喧嘩両成敗的な感覚のものであるとすれば、それとは相当異なっている。基準が人間ではなく、アッラーという絶対的スタンダードに照らして判断されるものだからである。

このように異質な価値観をいきなり日本語で表現すること自体、相当冒険としか言いようがない。まさしく、井筒流の意味論分析が求められるのである。しかしクルアーンに出てくる正義については、筆者も「正義」としか言いようがなく、慈悲と同様に、注においてイスラーム流の解釈を説明するにとどまった。しかしものによっては、クルアーン全巻を通じる用語の使用例を洗い出して比較分析をして、新規の訳語を創出したケースもあった。その一例は、アジーズという言葉である。

通常それは「強力な」という意味であるが、アッラーの能力を修飾する訳語としては、不適当と思われた。きわめて近似した意味の用語が他に存在するからである。単純に言えば、カウィーというのは強いという意味であり、アラビア語を少しでもした人であれば誰でも知っている単語である。カウィー・アジーズと両者が続けて使用される例もある。そうなると、強いというのは正解でないことはすぐわかる。アジーズはまた、ハキーム（英明な）、ラヒーム（慈悲深い）、ハミード（称賛すべき）、アリーム（全知な）、ガッファール（よく赦す）とも結びつけられるし、単独でも使用される。アジーズに類似の用語としては、ジャッバール（制圧する）とか、ムタカッビル（偉大な）もある。それらを総合的に比較検討して、アジーズを「偉力大」と訳しておいた。従来は、このアジーズは一貫した訳語が当てられない場合が多かったが、アッラーを修飾する用語としてはその重要性からして、新造語を作ってでも、やはり統一の訳語を探究するのが妥当と判断してのことであった。

最後に取り上げるのは、格別驚くほどの新味はないかもしれないが、相変わらず慎重な扱いを必要とするという事例になる。ターバ（戻る）という動詞があるが、通常は人が悔悟するという意味に使用される。反省して、本来あるべき姿に戻るという意味である。しかし、アッラーがターバされるとするときは、反省ではなく、赦すという意味に解されるということである。アッラーは悔いて反省する人の所に戻られて、その人を赦されるという行為を指しているからだ。いずれの場合であれ、共通の訳語として「戻る」という単語を当てるのか、あるいは両者の場合に使い分けるのかというのは判断を要する。信者が戻る（悔悟する）、アッラーは戻られる（赦される）として、（　）で説明を捕捉する方法もある。筆者の場合は、人の行為とアッラーの行為はあまりに距離があるので、悔悟する、赦すというように、二つの訳語を使い分けることとして、ターバというアラビア語は同一であることを脚注で補足説明することとした。両方とも元来は、よく似た行動を示すものであることを知ることは、やはり無視できない貴重な点であると思われたからである。

2　誤訳、慣用的用法の流布

従来誤訳であり、あるいはあまり適切ではないが慣用的に流布されている訳語も、相当難題である。その最大の事例として取り上げたいのは、イッタカー（意識する、畏れる）という単語である。それは、イッタキ・アッラーとして用いられること、しばしばであるが、常に従来は、「アッラーを畏れよ」と訳出されてきた。イッタカーという動詞の語根であるワカーには、確かに恐れるという意味もあるが、それよりはアッラーとの関係では、アッラーを意識するという意味合いで使用されるということに注目したい。意識する、とは、内観すること、すなわち観想するともいえる。しかし観想となると再び仏教用語であり、沈む太陽を見て仏を思うといった類の訓練方法である。そこで単純に意識するとしておいたのだが、概念として熟してくれば内観などの訳語も悪くはないだろう。心の中で、あるいは意識の問題として、アッラーに向き合う作法である。しかし重要なことは、信者とアッラーの関係が畏怖という恐怖まがいのものではなく、まっすぐな気持ちで向かうものだという関係が新たな訳語で明確化されたということである。訳業は実に繊細であり、同時に新規な姿や関係を創出することもできるので荷が重いということになる。

次には、称賛（ハマダ）と賛美（サッバハ）は、日本語では慣用的に混同させられている問題である。通常両者を峻別している人は、極めて稀であろう。ただ褒めたたえるのが称賛だとすれば、賛美は讃美歌の語感からも称賛よりは少し高尚な印象があるくらいではないだろうか。しかしイスラームの原語としては、称賛は感謝の極まったものとして称えることであるのに対して、賛美はアッラーが至高であることを称えるのである。クルアーンでも雷や鳥はアッラーを賛美するとあるが、しかしそれが称賛することはない。鳥は高いところを飛ぶので、日本人であっても賛美は、アッラーが至高であることを称えるということに、比較的実感を伴うのではないかと思われる。しかし重要なことは、両者の差違を熟知したうえで、混同させないということである。ちなみにアラビア語では両者は全く異なる語根から来ているので、その点でも混乱の恐れなどない。

次はやはり和訳では従来、比較的安易に流れていたかと思われた点である。それは、アザーブという単語であるが、従来は「懲罰」と慣行的に訳されてきた。原義は間違いなく、「苦痛」である。それも知れたことであるが、それでも懲罰が意図されているので、自然と「懲罰」とする癖のようなものがあるのであろう。筆者はやはりそこはしっかり区別するのは、信者とアッラーの関係の根幹であるだけに、軽視できないと判断した。それも、アザーブ・アジーム（重大な苦痛）、アザーブ・シャディード（激しい苦痛）、アザーブ・ムヒーン（恥ずべき苦痛）、アザーブ・アルナール（地獄の火の苦痛）、アザーブ・アルカブル（墓中の苦痛）、アザーブ・ガリーズ（酷い苦痛）、アザーブ・アリーム（激しい苦痛）といった種類があるのである。いずれの苦痛も、アッラーが不信仰者に対して与えられる懲罰ではあるが、例えば「地獄の火の苦痛」を見ると、それを「地獄の火の懲罰」としてしまうと、地獄の火自身が懲罰内容であるので、二重表現（トートロジー）の過ちを犯す結果になる。あまり安易に便法に頼るべきでないことが判明するのである。

最後には、イスラームには「聖」概念のないことを取り上げる。したがって、『クルアーン――やさしい和訳』では、「聖」の訳語は全面的に使用しなかった。これは日本の慣習や語感からすると相当重症の類といえそうだ。ちなみに日本語で「聖」とは、清浄であるが神性を帯びている、神聖であるという特徴がある。(17)

以下まずは、「聖」が付されるイスラーム用語は全て誤解に基づくか、日本語としての慣用法に過ぎない面を取り上げる。

• 聖地――聖地といっても三種類ある。第一には巡礼の際に巡礼着を着用する「巡礼の聖域」（マッカとマディーナを含む南北約五〇〇キロ）、第二にはマッカを中心とした地域で、東西約三五キロの聖地（黒石の光が届いた範囲とされる）、第三にはマッカ市であり、さらには聖マスジドそのものを指す。いずれをとっても「聖」に相当するアラビア語は、ハラムであり、その意味は戦闘や樹木伐採禁止などの禁忌（タブー）があるということである。だからどれも、「聖」とは別物である。

●「聖クルアーン」——アラビア語では、クルアーン・カリームである。カリームの原義は、高貴な、あるいは一般に当該分野で最良のものという意味である。ラマダーンはカリームであるが、それも慣用として「聖なる」と訳されることが多い。しかし上記と同様で、その原義は「高貴な最良の」ということになる。

●聖預言者伝承——伝承の中でも、「アッラーは語られた」という形のものがある。それらは、クルアーンには掲載されなかったアッラーの言葉であるので、「聖」預言者伝承とされる。それはアラビア語ではハディース・クドゥスィーであるが、その原義は下記の結論欄に記されている通り、「格別に清浄な・無欠な伝承」と理解される。

●カアバ聖殿——アラビア語ではアルカアバ・アルムシャッルラファであり、その意味は「栄誉ある立方体」である。従来は「神殿」とされ、そこにアッラーが降りてこられるなどの誤解を生じる原因となってきた。聖殿も慣用上の訳であることは変わりない。

●聖者——アラビア語ではシャリーフ、サイイド、ファキーフ他多くの用語が当てられるが、それは名士、棟梁、法学者などの意味合いであり、「聖」という概念は入っていない。これはキリスト教の聖人の影響で設定されたものである。そもそも人間が神性を帯びて聖人化するという考えは、シーア派のイマーム論を別とすれば、イスラーム外のものである。

次いでイスラームには、日本語でいう神性を帯びたという意味の「聖」概念は存在しないという側面を取り上げたい。

・神性は拒否されること――発想を逆転すれば、万物はアッラーの創造によっているのだから、その意味ではすべてが神性を帯びているといえる。それがイスラームには「聖」概念そのものがない最大の原因であろう。補足すればイスラームでは聖俗で世界を二分することもしないし、聖職者の存在は認められていない。またマルヤムの子イーサー（イエス）を神の子として神性を認めたことで、キリスト教の三位一体は多神信奉であるとされ拒否された。またユダヤ教徒は黄金で仔牛の像を造り崇めたが、そこに神性を認めたことで偶像崇拝として、クルアーンでは拒否された。つまりクルアーンで正面から否定された論拠そのものが、アッラー以外に神性を認めるものの存在を設けたことにあるのだ。

・用語の検討――「聖」と訳されることの多いアラビア語は、右に見た通りクドゥスィーであるが、その原義は辞書的には「格別に清浄で無欠である、欠陥がない」ということだ。因みにクルアーンには一〇回に渉りクドゥスとその派生語が出てくるが、七回はユダヤ教とキリスト教の関係で、三回はイスラームの関係だ。しかしそれら三回とは、いずれも「清浄無欠」をアッラーの特性の一つとして代名詞のように用いるか、あるいは美称の一つとして出てくる場合に限られる。要するにその場合「清浄無欠」で指し示されるのはアッラー自身であるのだ。「聖」は神性あるもの、つまり換言すれば神以外のものであるから、これらの「清浄無欠」を意味するクドゥスはやはり神性を帯びるという「聖」概念とは別物だということになる。

・日本的感性――はじめに「聖」概念がイスラームにないことは、日本人にとって相当重症な問題だといった。それは日本の文化には聖概念が安易に出回る傾向が根強いからである。巷に、ラーメンの聖地、温泉の聖地など、格別感を醸し出すためにはほとんど何もためらわずに、聖の一文字が加えられるのは周知の事実である。つまり相当日本の日常生活感覚に根深くはびこっているから、イスラームについて浄化するのは容易でないのだ。事実、

「聖」概念はイスラームには存在しないという見解については、多くの日本人研究者も直ちには首を縦に振ってこない感が強い。骨の髄にまで浸み込んでいる文化的感性の問題は、直ちに抹消するわけに行かないのは、あたかもマッカの多神教徒たちがイスラームの一神教の説諭にしぶとく抵抗した様子が想起されるほどだ。

●欧米由来の原因——さらに「聖」がしつこく頻出するもう一つの理由は、それが英語の holy の日本語訳として使用されてきたという背景があることだ。英語でも、The Holy Quran とするのは普通に見られることだが、この場合はそもそも英語訳が間違っているということになる。これは恐らく、The Holy Bible の延長の発想であろうが、最近は注意深く、The Noble Quran と英訳されている例を見ることもある。

●「アッラーは神性を帯びている」とは形容矛盾——最後にダメ押しのような事例がある。二〇一九年二月初めにカイロでイスラーム世界評議会の会合があり、最終セッションにおいて昨今のイスラームの動向を踏まえた総合的な見解がカイロ文書として採択された(18)。その中において、「聖」概念に関してのパラグラフが入って、人や物を軽々に聖視すべきではないとして、聖（クドゥス）扱いするのは、アッラー、クルアーン、そしてハディースに留めるべきだと明言された。この文書でも「聖」とは格別の清浄さ・無欠さを指しているのであり、決して神性さを帯びていることでないことは明白である。さもなければ、「アッラーは神性さを帯びている」と言うこととなり、それは文字通りの形容矛盾であることは、多言を要しないであろう。

三　クルアーンの構造

1　繰り返し論法

クルアーンが分かりにくくて、読みづらいとされてきた一つの大きな理由は、その全体の流れが判読しにくいということがあろう。確かに筆者自身、クルアーンが引用されているものを見ると、いつも非常に短い句や節が前後の脈絡からは切り離されて、ぷっつりと何か諺や教訓の言葉のように記されているのに、少なからず違和感を覚えさせられてきた。また、一八世紀のフランスの思想家ボルテールや一九世紀のイギリスの歴史家トーマス・カーライルが、クルアーンは退屈で、重複に満ち、通読に耐えないと酷評したことは周知である。筆者も若い頃、これらの著名な人物の評価をどこかで読んで、その記憶が後々まで影響したのであろう。その砂をかむようなぷっつり表現の集積がクルアーンであるとすれば、当然その全体も現代日本人の心に浸み込んで感動を呼ぶような代物とはなりえないことになる。この問題は和訳そのものではないにしても、理解しやすい和訳の達成という筆者にとっての所期の目的からすれば、やはりできれば克服したい大きな障壁であった。

他方アラブ民族の思考様式として、一つ一つ、そして一瞬一瞬に移り変わる姿がすべてであり、全体の流れや内在する連関性は看過するか、そもそもそれに注意を払うことがないという特性があるとされる。そしてそれは砂漠生活の特徴として、刻々と速やかに変化する大自然の中で培われた生活感覚に支えられたものとされてきた。このような非連続的な存在感は、ばらばらであることをもって自然と受け止めるので、原子論的な存在論(19)とも称されてきた。例えば、千夜一夜物語のように、一夜毎の小話の連続に終始して、全体を覆うストーリーや哲学には無頓着であるというのである。そしてこの原子論的存在感覚は、クルアーンにも妥当しており、したがってそれは片言隻語のような短い表現のばらばらの集積であるということになる。ところが一方では、あれほど信者の心を捉えて離さないクルアーンは、本当に小さな切片の積み上げに過ぎず、全体の構成は無視されているのであろうかという疑問は、筆者の心の中に消え去らずに推移してきた。

そんな中、一つの重要な節がクルアーン自身の中に埋め込まれていることに、訳していて改めて気が付いたのである。

「アッラーは最も美しい教えを、互いに似た（一貫した比喩を）繰り返す啓典で啓示しました。」（三九：二三）

繰り返すということは、どういうことなのであろうか。そのような話法や論法は現代の日本、あるいは現代文明の中では非能率の象徴のようなものであり、むしろ積極的に拒否され、一段低い思考様式、あるいは低いレベルの頭脳の働きと見なすのが普通であろう。能率優先であり、その中には進化であり進歩が実現されているというスタイルが、現代で普通に歓迎されるか、もしくは当然視されるからである。しかしよく考えてみると、この繰り返し論法はそれを好むかどうかは別問題として、一つの立派な流れを構成しているのであり、確固たる構造の基礎をなしていると見なすべきなのではないか、とも気付いたのであった。

いま一つ同様なことに気づかされた契機は、和訳するに当たって理解促進のために、クルアーンの各章において、主なるグループ毎に見出しを入れることとしたことであった。見出しを付ける作業を継続して実施する中からも、やはりこの繰り返し論法が如実にその姿を見せ始めたのであった。実例として、最も長い章である第二章「雌牛章」の見出しの具合を見てみよう。

①信仰対不信仰（一～二〇節）
②アッラーの創造と知識：アーダムの物語（二一～三九節）
③イスラーイールの民への立法（四〇～八六節）
④ムスリムへの試練：ユダヤ教徒とキリスト教徒の嫉妬心（八七～一二一節）
⑤中庸の信仰共同体：カアバ殿の建立と礼拝の方向（一二二～一五二節）
⑥ムスリムへの試練（一五三～一六七節）
⑦ムスリムへの立法：新たな共同体の形成（一六八～二四二節）
⑧アッラーの創造と知識（二四三～二五五節）
⑨信仰対不信仰：施しの勧めと利子の禁止（二五六～二八六節）

山の形に並べたのは、中央の⑤を峯とすれば、前後の各節はそれぞれ対応しているという、繰り返しの姿を明示するためである。初めの①は最後の⑨で繰り返されているし、②は⑧で、そして③は⑦で、最後に④は⑥で繰り返されている。

このような各章におけるそれぞれの節の繰り返し構造は、まずほとんどの章において実に忠実に反復されているので、全体の見出し一覧を参照願いたい[20]。ただしこれだけの分量となると例外はつきものであるが、中には日本になじみ深い論法である「起承転結」の構成になっている章も散見される。第二四章もそうだが、ここでは第三七章「整列者章」を見ておくこととしよう。

①迷いと苦痛（一～三九節）

②勝利の達成（四〇〜七四節）
③預言者たちの諸例（七五〜一四八節）
④預言者ムハンマドの立場（一四九〜一六七節）

ここでは、①陳述を起こし（起）、②それを承り（承）、③話題を転じ（転）、④結論に導く（結）という論法である。

繰り返し論法は、イスラーム諸国では格別に意識されるわけではない。ところが現代日本では違和感があるので、こうして特に取り上げる必要があるということになるのである。事実、以上の繰り返し論法が念頭にあれば、長い第二章もはるかに読みやすくなることは間違いないだろう。クルアーンに関しては、イスラーム諸国では幼少期より耳にし、口にし、目にすることで、その繰り返し調がなければ、心に訴えるものがないという習性が出来上がっている。小学校を出る頃までには、クルアーン全体の顛末がすっかり頭に叩き込まれ、またさらにはそれが自らのアイデンティティともなって、心の一部になり切っているのである。これこそは文化の違いである。

話の鮮やかな変化ではなく、繰り返される中から出てくる微妙な変化や、グラデーションを楽しむ文化である。そのことは、アラブ音楽のメロディーの特徴としても想起されるので、納得する読者は少なくないと思われる。(21) また政治家の演説にどうしても数時間はかかる事情も、内容的には繰り返し部分の多いことと関係していることも想起される。

こういった状況は、明らかに「進歩」主義の近代欧米社会ではない。そこにクルアーン、ひいてはイスラームがキリスト教とあれほど同根にように見えるのに、西半球では異質に見られがちな、根本原因があるのかもしれない。

だがそれは本論の領域をはるかに超える課題であり、ここで止めることにする。要は和訳作業を通じて、まずは繰り返し論法がクルアーンを通底していることに改めて気付かされ、またさらにそれは欧米近代社会の成り立ちとは異質なものであることにも気付かされたのである。これらの諸点をここでは再確認しておきたい。

2　同心円理論

さて議論としては、このような各章内における繰り返しを越えて、クルアーン全体が繰り返し論法であるとする分析のあることを紹介しておきたい。全体を同心円として把握しようとするものである。この「理論」は壮大なものであるだけに、節毎の「繰り返し論法」とは異なって読者にとってどのようなメリットがあるのかは、直ちにははっきりしないかもしれない。また多分に構造的な把握への試行的な段階の側面があるともいえる。ただし相当説得力はあり、筆者にとっては斬新で誠実なアプローチであり、何もないよりは確かに大きな支柱になると信じるものである。

まずは右に見た第二章だけでも、⑤を中心として前後左右は繰り返しであると同時に、⑤を円の中軸とした同心円を描いていると捉える。時計の文字盤を想定するならば、容易にその図柄は描けるであろう。この第二章の同心円を出発点として、同様に各章が同心円で描かれたとしよう。そして、第二章はユダヤ教徒へのメッセージであるのが、第三章はキリスト教徒へのメッセージとなり、これらの二つの章は対を構成していると見る。以下同様に、最後の第一一四章まで前後の章は、それぞれ内容的に連関していたり、あるいは対称的であったり、何らかの意味で対を構成しているとする。そしてそれらの対を成した各二章は、隣接したもの同士が数個集まって一つの内容的なグループを構成するが、そのようなグループは全体で一八個数えられる。以下は、前半の九つのグループに関する一覧図である。

㋐第二～五章　団結、種々の礼拝方向と異部族という多元主義や勝利と巡礼
㋑第六～九章　クルアーンの啓示、悔悟への赦し
㋒第一〇～一五章　最後の審判の日とアッラー称賛、ユーヌスの話
㋓第一六～二一章　蜂、ズー・アルカルナインの話、預言者は詩人でないこと
㋔第二二～二四章　巡礼と光（信仰の中軸となる内容）
㋕第二五～三二章　蟻、蜘蛛、東ローマ人、詩人について
㋖第三三～三九章　最後の審判の日とアッラー称賛、ユーヌスの話
㋗第四〇～四六章　クルアーンの啓示、悔悟への赦し
㋘第四七～四九章　団結、種々の礼拝方向と異部族多元主義や勝利と巡礼

以上と同様な同心円が、残る九グループについても成り立つ。ただし当然ではあるが、以下のそれぞれのグループにおけるテーマは、上記と異なっている。

㋐第五七～六六章　マッカ征服、アッラー称賛
㋑第六七～七二章　非信者への罰、水供給、アッラーは七層の天国創造
㋒第七三～八〇章　時間、馬
㋓第八一～八八章　預言者に読めとの指示、アッラーの創造
㋔第八九～九二章　巡礼、マッカ、暁、太陽（信仰の中軸となる内容）

㋕第九三〜九八章　預言者に読めとの指示、アッラーは凝血から人間を創造
㋖第九九〜一〇四章　時間、馬
㋗第一〇五〜一〇八章　非信者を見る、非信者と水、象軍の非信者排斥
㋘第一〇九〜一一二章　マッカ征服、アッラー称賛

以上二つの大きな同心円の中心となっているのが、復活、最後の審判、そして来世である楽園と地獄という究極の顛末をテーマとする第五〇〜五六章のグループである（これでグループ数は、合計一九個となる）。なお以上のそれぞれのグループ分けの中心部分の特定は一致するとしても、全体の構成については、最終的に議論が決着したわけではない。多岐に渡るテーマが少しずつ扱われる章や節などがあり、一気にまとめるのは少し無理があるかもしれない。他方、全体の構造が同心円状であるとの認識は変わらないのである。

さらにここでもう一歩論考を進める。そうすると次のことが判明する。クルアーン全体は五つの大テーマで構成さていると整理され、それらは、第一章、第二二〜二四章、第五〇〜五六章、第八九〜九二章、そして最後の第一一四章である。そして第一章と第一一四章はアッラーへの称賛と祈願であり、第二二〜二四章及び第八九〜九二章は両方ともマッカ巡礼に関する内容となっているのである。そうするとクルアーン全巻は、究極の顛末を語る第五〇〜五六章を中心とする前後二つの同心円で構成されているということが確認できる。

㋐第一章　アッラーへの称賛と祈願
㋑第二二〜二四章　巡礼と光（信仰の中軸）
㋒第五〇〜五六章　究極の顛末（復活、審判、楽園、地獄）

㊤第八九～九二章　巡礼、マッカ、暁、太陽（信仰の中軸）
㊥第一一四章　アッラーへの祈願

以上の全巻的な同心円構造は、最後の人間章第一一四章は悪から守ってほしいというアッラーへの祈願であるが、それが初めの開巻章第一章のアッラーへの称賛と祈願に連動していることによって、ようやく一巡して最終的に完結するのである。絵巻物でいえば、その終わりが初めに繋がっているような工夫がなされているとするのだ。

なおクルアーンの同心円構造は、優れて宗教的霊性に依拠する諸々の言葉の緩やかな全体の枠組みという性格であることは、言うまでもない。構造ではあっても数学の方程式のように、画一的固定的に捉えるものではない点は蛇足ながら付言しておきたい。

各章ごとのテーマに主要な関心を払うことで、全体構造として二〇世紀に入って新たな認識に至り、それが同心円の構造として明確化されたのは、実に二一世紀に入ってからという状況なのである。伝統的なイスラーム学では、自然な環境として、繰り返し論法を享受していたといえよう。一方クルアーンを巡る知的努力は、全体のテーマよりは各単語の意味内容、修辞法、矛盾する言葉どうしの解釈法（廃棄論）など、よりミクロな分野に相当のエネルギーが集中したので、このような全体構造の議論には強い関心を払う余地はなかったということが背景にある。(22)

3　その他の構造的把握手法

以上に見た同心円理論は、昨今活発化しているクルアーンがどのような過程を経て編纂されたかという問題の研究と平行している。その中で同理論が唯一のものでないことは言うまでもない。インドの学者によって提唱されている、ナズム理論[23]というのもある。それは章内部や章どうしの内的な一体性（ナズム）を解明しようとするものである。あるいは章の終わりと次の章の開始部分の連携を重視する立場や、繰り返しを指摘する人たちはムスリムの研究者にも昔からいたが、それをクルアーン全体の構造と結びつけて考えていたわけではなかった。

既に述べたように、一章の中の繰り返しを意識することは、その章の読破と理解の促進に相当貢献することは間違いない。他方長い全体の構造を示すことがどれほど有効であるかは、不透明である。またそれを一気呵成に理論化するのには、無理が生じるのも覚悟しなければいけないだろう。全巻的な構造の指摘が新たなより正確な理解を示す範囲において、今後も議論が進められ、その成果が公表されることは歓迎すべきことである。つまり、衒学的にならない限り注目すべき課題であるということになる。

ちなみに古典文献の論述方法のいずれをとっても現代の論法とは異なっているのが普通で、それだけに興味は尽きない。日本文学を見ても、国民文学となっている徒然草の論法は内的な連関はあるといえばあるが、基本は慎重に計算された原子論である一方、源氏物語の論法は、連綿と続くもので情緒の流れと起伏が支配している。また話は飛ぶようだが、諸経の王といわれる法華経の論法は仏の真実は一つであり、仏は初めもなければ終わりもないという二点に集約される教えを巡って展開される、二八の説話集という形である。それらすべては、クルアーンの論法を考える時に、クルアーンだけを孤立させて検討するのではなく、それを弁証法的な欧米近代社会の産物ではない古典作品全体の視野の中で把握するために、意味のある示唆を与えているようにも思われる。

四　日本百冊の本

和訳上のさまざまな問題点を一巡した。そして日本語の訳語の有無、その表記方法、さらには文体の是非などが指摘された。中には従来の誤訳を引っ張るという習性の問題や、「聖」のようにそもそも存在しない概念をイスラームに押し付けて勝手にレッテルを張っているというケースもあった。アラビア語では全く別物であっても、双方の日本語が近似しているところから、それらが和訳上混同してしまっている場合もあった（称賛と賛美）。それらはいずれも無視しうるような小さな問題ではなく、得てして教えの中軸に係る枢要な部分であることも見てきた。同時にそれらは全て、日本のイスラームへの姿勢に係るとともに、その理解の深浅、あるいは実、不実の問題に直結しているという意味で、深刻に捉えられてしかるべきものばかりであった。

1　信仰の書としてのクルアーン

ところがここに来て、これまでに言及していないもう少し大掛かりな問題点を取り上げなければいけない。それは、クルアーンはなかんずく信仰の書であるという、原点に立ち返る問題である。

手っ取り早く、かつ確実に意を達するために、たとえ話から始めよう。例えば日本文学について欧米の研究も進んでいるとしても、彼らの把握の仕方はどこかわれわれ日本人とは異なっていることを実感されるのである。もちろん日本人が見過ごしているような指摘もあり、尊重し拝聴する価値は十分あるが、どこか生活から来るような土着の部分で異質なのである。そういった隔靴掻痒というエリアン（外人）感覚が、クルアーン和訳にも沁み出しているのではないかということである。

　ここでクルアーンについてのエリアンとは、究極のところ、信仰への理解の有無ということになるだろう。もちろんそれ以外の生活感覚的な諸側面についてもエリアンかも知れないし、文化人類学的な視点からはそれこそ大問題であろう。しかしそれらに関しては、イスラームは世界万有のためであるという国際性、あるいは宇宙性に鑑みれば、本来多元的であるので宗教的には許容範囲であり、そういった付随部分に囚われるのは本末転倒ということになる。

　クルアーンの訳文に並べてイスラームで最も厳しく排斥される、預言者らの挿絵が掲載されるとか、熱心に聖書との関係に意を用いていることなど、軸足がどこにあるのか分からないといった脱線行為についてはすでに触れた。信仰を船の錨に例えることも可能である。それが揺れ動く船体をしっかり留める歯止めとなるのである。揺れ動きやすい、いくつかのケースを摘記してみたい。

　周知の表現に、イン・シャー・アッラー（アッラーが望まれるならば）という言葉がある。これは白黒と運命を二分するように、実に鋭い感覚で受け止められるものなのである。それを直ちに悟るのに役立つクルアーンの節は、次のくだりである。「かれらと同じく、**われら**はある（果樹）園の持ち主を試みました。かれらが早朝に収穫することを誓った時、（アッラーが望まれるならば、という）例外を付けませんでした。それでかれらが眠っている間に、あなたの主からの巡り合わせ（天罰）がそれ（果樹園）を襲ったのです。そこで朝には、それは摘み取られた後で、黒い焦土のようになりました。」（六八：一七〜二〇）その人は、イン・シャー・アッラーと言って、アッラーの意志は別だと断らなかったが、常にすべてはアッラーのご意向次第ということを知るべしとされるのである。それは将来の可能性を白黒に二分するわけだが、その決定権は人間にはかなわないということが、ここのポイントである。

もう一つ別のケースを上げよう。クルアーン中に頻出する「悲しむなかれ」という表現の理解である。「希望」はたったの二回しか出てこないのに比べて、「悲しむなかれ」の方は多少の変化形も入れれば、実に四二回も扱われているのである。ところでそれは我慢しろ、という文脈では信者の忍耐を説くものと重なって来るが、しかしその真意は、主の恵みを忘れるな、ということなのである。つまり、あまりに過度に悲しんでいるということは、それまで受けてきた多大なアッラーからの恵みを失念している恐れがあるので、「悲しむなかれ」として警告が発せられるのだ。恵みを失念することは、すなわちアッラーへの感謝を忘れ、結果として信仰をないがしろにすることを意味する。そこで過度の悲しみは、不信仰の端緒を開くこととなるという点が、一番のポイントなのである。

以上たったの二例に過ぎないが、このように多少は詳細で慎重な誤解の排除と理解の確立を重ねることで初めて砂上楼閣でない城が築ける。信仰の原点となり、誰にでも賦与されたフィトラ（天性）やその天性を起動させるサキーナ（静穏）、あるいは人の生を授かるルーフ（魂）とナフス（精神）の区別といった要となる用語や概念も、ここでは論及する暇はないがその重要性は言うまでもない(24)。「賛美」と「称賛」を混同したまま読んでもらうのは、あまりに乱暴であり、「慈悲」や「正義」について訳者自身が文字面の理解しかないまま提示するのは猛勇であり、「聖」の概念を押し付けるのは、罪作りだという繊細な感覚をまずは訳者が養わなければ誰がするというのであろうか。これらの主要な側面を理解することで、初めてクルアーンの和訳もその錨を確保することとなるのである。しかもそれらの信仰の成り立ちも、諸側面は互いに支え合う格好で機能している以上、一つの構造として把握することが妥当である。そうした理解は、なかでも読者を誘う注釈に如実に違いが現れざるを得ないが、構造が念頭にない場合は、本質を突いているとしても個別の印象論の領域を出ないものとなるのは当然である。底流として、信仰論が陰に陽に働きかけているということである(25)。

2　日本固有の解釈の存立基盤

クルアーンの翻訳と言えば、本来それよりもクルアーンの解釈が先立つ課題であるはずだ。クルアーンの解釈は古来、時代の要請を受けつつ、世界的にさまざま進められてきた。ただし日本固有の解釈といった段階までには、まだまだ至っていないのが現状である。他方訳業はその文化の日本への移植であり、広義の日本化の過程の契機となることも間違いない。そのような一例としてここで言及したいのは、クルアーンの発想や物の捉え方からすると、日本の土壌のようになっている日本仏教よりもはるかに人間関係に関して対立的に捉えられているということである。[26] もう少し穏やかに観察して、表現してほしいと自然に思わせられるのである。例えば、「信仰する人たちよ、あなた方の妻や子供の中にも、あなた方に対する敵がいる。だからかれらに用心しなさい。」（六四：一四）この教説は嘘ではないし、時には必要なことであるとしても、日本人の気質としては、一般的には何とかしてほしいという気持ちが湧いてこざるを得ない。柔和な人間関係を尊く思う日本の感覚は、いずれクルアーンの解釈を新色で染める余地はあると思えるのである。

3　日本百冊の本

クルアーンは仏典や聖書の仲間であることは、言うまでもない。クルアーンはそれらと肩を並べる位置づけを求めているといって、過言ではない。つまり、日本百冊の本として、このシンポジウムを通じて新たな文化的光が当てられ、古典としての適切な地歩を占めることが望まれるのである。

日本はそれほどにクルアーンから益するところが大きいということである。まずは、クルアーンの持てる潜在力を全開させる必要がある。何と言っても、形態的な宗教比較や歴史、地理的な説明の注釈に躍起になっているようではいけない。それはクルアーンが持っている豊かなエネルギーを、狭く押し込めるだけに終わってしまい、あらゆる古典が示す人間的ふくらみを開花させていないのだ。豊潤な香りを解き放ち、持てる力量を全幅に惜しみなく開花させ、読む人がそれを十分享受できるようにしなければいけない。そのためには、広く深く人の心を捉え動かす信仰の世界からの説明や、また日本人の自然な心情になじんだ解釈なども、良い効果を発揮するであろう。ここでは即効性を狙って、クルアーンの中から、日本人にも訴えやすい人生訓の内容のクルアーンの節をまとめて紹介することで、本論の終わりとしよう。

> 人生訓となる諸節はすべて、アッラーと直結する点、現世的な処世術ではない。善は急げ（二：一四八）、人には本当には事の善し悪しがわからないこと（二：二一六）、この世は一時の戯れ（三：一八五、六：三二、二九：六四、三一：三四）、人は弱いもの（四：二八）、人にはより良い挨拶で返すこと（四：八六）、殺人と自殺の禁止（四：二九、五：三二、六：一五一、一七：三三）、人には明日の日も分からないこと（七：一八七、一八：二三、二四）、善事は悪行を追放すること（一一：一一四）など。

クルアーン通読のための外国語工具書一覧（邦語文献は本論注参照）

Abd al-Baqi, Muhammad Fuad, *Al-Mujam al-Mufarras li-Alfaz al-Quran al-Karim*, al-Qahira, Dar al-Hadith, 2001. クルアーン用語の語彙集で、意味の解説はない。

Al-Mukhtasar fi Tafsir al-Quran al-Karim, Markaz Tafsir lil-Dirasat al-Quraniya, Saudi Arabia, al-Riyad, 2018. 4th ed. アラビア語の簡潔なクルアーン注釈書。

Badawi, Elsaid M. & M. A. S. Abdel Haleem, *Arabic-English Dictionary of Quranic Usage*, Leiden & Boston, Brill, 2008. 最新の

クルアーン用語英語辞典。

The Quran, tr. by M. A. S. Abdel Haleem, Oxford World's Classics, Oxford University Press, 2004. 適切な英語訳、これはペーパ・バック版でアラビア語対訳はない（別途同一内容で金張りの豪華本も出されており、それはアラビア語対訳付き）。

Al-Qattan, Manna, *Mabahith fi Ulum al-Quran*, Maktaba al-Maarif, al-Riyad, 2000.

Abdul Haleem, Muhammad, *Understanding the Quran, Themes and Style*, I.B. Tauris, London, 2011.

Ernst, Carl W., *How to Read the Quran*, Edinburgh University Press, 2011.

Encylopaedia of the Quran, Volumes 1-5 plus Index Volume, ed. by Jane Dammen McAuliffe, Brill, Leiden, 2005. クルアーンに関する優れた百科事典。同書はオンラインもある。

注

（1）『クルアーン――やさしい和訳』水谷周監訳著、杉本恭一郎訳補完、国書刊行会、第三版、二〇一九年七月。

（2）『古蘭』大川周明訳、岩崎書店、一九五〇年。

（3）大川周明『回教概論』、慶応書房、一九四二年。

（4）『コーラン』井筒俊彦訳、岩波書店、全三巻、一九五七―五八年。

（5）井筒俊彦『コーランを読む』、岩波書店、一九八三年。

（6）井筒俊彦『意味の構造――コーランにおける宗教道徳概念の分析』、新泉社、一九七二年。

（7）*An Intellectual Struggle of a Moderate Muslim-Ahmad Amin*, Ministry of Culture, Cairo, 2007., *Liberalism in 20th Century Egyptian Thought: The Ideologies of Ahmad Amin and Husayn Amin*, I.B. Tauris, London, Palgrave Macmillan, NY, April, 2014.

（8）『コーラン』藤本勝次・訳伴康哉・池田修、中央公論社、一九七〇年。

（9）『日亜対訳・注解　聖クルアーン』三田了一訳、日訳刊行会、一九七二年。その後の日本ムスリム協会版は、一九八二年以降一六版を重ねるが、重版分も改訂数に入れて数えられている。

(10)『聖クルアーン日本語訳』澤田達一訳、啓示翻訳文化研究所、二〇一三年。

(11)『聖クルアーン』モハンマッド・オウェース・小林淳訳、イスラム・インターナショナル・パブリケーションズ、一九八八年。

(12)『日亜対訳　クルアーン』中田孝監修、中田香織・下村佳州紀訳、作品社、二〇一四年。

(13)『タフスィール・アル＝ジャラーライン（ジャラーラインのクルアーン注釈）』中田香織訳、中田孝監訳、日本サウディアラビア協会、全三巻、二〇〇二—二〇〇六年。

(14)宗教書翻訳におけるこのような大きな障害は、当然クルアーンに限るわけではない。あらゆる経典の翻訳事業で最大のものは、中国唐朝における玄奘三蔵による仏典のインドからの招来とそれに次ぐ国家事業としての漢語訳作成事業であろう。漢字で一千万字以上を訳したとされるが、クルアーンのアラビ語文字数は約三二万字である。また玄奘は訳語が漢語に見当たらない場合は、サンスクリット語音に漢字を当てる工夫も頻繁にした。

(15)拙著『イスラームの精神生活——信仰の日々』日本サウディアラビア協会、二〇一三年、一七八—一八七頁。

(16)拙著『イスラームの善と悪』平凡社、二〇一二年、四八—五六頁。

(17)日本語における定義方法も含めて、全幅の議論は複雑で長くなるので別途拙稿を参照願いたい。拙論「イスラームにおける「聖」の概念」、拙著『イスラーム信仰概論』明石書店、二〇一六年所収、一七九—一九七頁。

(18)「アル・イスラーム」日本ムスリム協会季刊誌、二〇三号、二〇一九年五月発行。二七頁。

(19)一例としては、井筒俊彦『イスラーム文化——その底流にあるもの』、岩波書店、一九八一年。六五—七三頁参照。

(20)前掲『クルアーン——やさしい和訳』所収、資料2.「各章見出し一覧」、資料3.「繰り返し論法と同心円構造」参照。

(21)飯野りさ『アラブ古典音楽の旋法体系——アレッポの歌謡の伝統に基づく旋法名称の記号論的解釈』(株)スタイルノート、二〇一七年、二四五頁。エドワード・サイードの「増殖的な変奏」や、「ベートーヴェン的な発展的な緊張がほとんどまったくないような反復」という表現が引用されているが、分かりやすい巧みな表現である。

(22)以下の文献は同心円構造に導かれる時系列順で記す。Mir, Mustansir, The Sura as a Unity: A Twentieth century development in Quran exegesis. *The Koran: Critical Concepts in Islamic Studies*, ed. Colin Turner. Vol. 4. London: Routledge. 2004. pp. 198–209. アルラーズィーなどクルアーン解釈で文脈を重視する立場は古くからあったが、二〇世紀に入っ

て圧倒的に脈絡重視に比重が移されてきた概要を略述。テーマを注視するところから、クルアーンの陳述の対称性が浮き彫りにされた。Douglass, Mary. *Thinking in Circle: An Essay on Ring Composition.* New Haven: Yale University Press, 2007. 文化人類学の立場から、ギリシアなど広く古典世界の同心円論法を分析、解明。中国古代の占いに使用された焼いた亀甲が左右対称の模様をなしている状態を図示して、同論法を説明し提示した。Farrin, Raymond. *Structure and Quranic Interpretation. A Study of Symmetry and Coherence in Islam's Holy Text.* Ashland, Oregon: White Cloud Press, 2014. 上記の二研究をベースに、漸く「原子論」を乗り越えるものとして、クルアーン全体の「同心円構造」分析が全幅的に展開された。ただし同著では、繰り返し論法がクルアーン自体に宣言されていることは強調されていない。

(23) 大川玲子『クルアーン――神の言葉を誰が聞くのか』慶應義塾大学出版会、二〇一八年、三五―三七頁、六六―七〇頁参照。

(24) 拙著『イスラーム信仰とその基礎概念』晃洋書房、二〇一五年、七五―一五六頁。

(25) 二〇一九年二月九日のシンポジウムの日は、都内が雪で白くなったが、講演ではこの論点を次のように述べた。寒い中を参加した人には報奨があるとイスラームで考えるのは当然だが、安全や健康を考えて欠席した人も尽力して決断したので、やはり報奨がある。そこで結局どちらでも報奨があれば同じだと言うだけであれば、それは現世的な判断である。また人は自分の判断で、進退を自由に決めてよいという教えだと収めるならば、それは法的な発想である。そうではなく最善の尽力をしたかどうかの心のプロセスが、信仰上の問題なのである。報奨の有無やその大小はアッラーの専権事項であり、善行への決意と実行が信心の領域なのである。そこで日常的で即物的な世界とは異次元の信仰世界があり、その中に入ることがクルアーンにアプローチする前提条件だということになる。一般論として言えば、固有の価値体系としての宗教世界そのものが念頭にあり、それで心が充満されていることが、経典を扱う上で必須条件だということでもある。

(26) 拙論「イスラームと日本の仏教――無関係からの出発」、『日本に生きるイスラーム―過去・現在・未来』サウジアラビア大使館文化部、二〇一〇年、一五七―一七一頁。

［著者略歴］

水谷　周（みずたに　まこと）

京都大学文学部卒、博士（イスラーム思想史、ユタ大学）、アラブ　イスラーム学院学術顧問、日本ムスリム協会理事、現代イスラーム研究センター理事、日本アラビア語教育学会理事、国際宗教研究所顧問など。日本における宗教的覚醒とイスラームの深みと広さの啓発に努める。『イスラーム信仰叢書』全一〇巻（総編集・著作）、国書刊行会、二〇一〇―一二年、『イスラーム信仰概論』明石書店、二〇一六年、『イスラームの善と悪』平凡社（平凡社新書）、二〇一二年、『イスラーム信仰とその基礎概念』晃洋書房、二〇一五年、『イスラームの精神生活』日本サウディアラビア協会、二〇一三年、『イスラーム信仰とアッラー』知泉書館、二〇一〇年など。

世界のクルアーン解釈と日本

――多様な読み方に向かって

大川玲子

はじめに

「クルアーン解釈」とはつまり、「聖典とされるクルアーンをどう読むか?」という問題である。「どう」が主な問いであるが、もう一つ「聖典とされる」という但し書きも重大な問いをはらんでいる。なお、ここで言う「聖典」とは、クルアーンのみを指す用語ではなく、宗教学の観点から、超越的な存在と関わるとされる書物を意味する包摂的な用語であることを申し添えておきたい。

さて、例えば「日本古典文学の最高峰とされる源氏物語をどう読むか?」と問われれば、いかがであろう? これは日本社会で今なお繰り返されている問いで、それは日本人にとって源氏物語が強い魅力をもち続けていることの証明でもある。この問いに答えようとする時にヒントになるのは、与謝野晶子に始まり、谷崎潤一郎、円地文子、瀬戸内寂聴と続く作家による現代語訳や、国内外の日本古典文学研究者による現代語訳や研究業績ではないだろうか。これらは、紫式部の「同業者」である作家と、客観的に作品を分析しようとする研究者に分かれるが、いずれも『源氏物語』を古典として高く評価する立場にあると言える。

対して「クルアーン」は、ムスリムによる理解と、非ムスリムによる理解に決定的な差があるため、そこが「読む」つまり「解釈」上の境界線となる。この境界線はクルアーンの定義を「聖典」と「古典」に分けるものだと言えるだろう。

近代以前のクルアーン読者のほとんどは、ムスリムであった。しかし近代以降、印刷技術の普及、さらにはインターネットの浸透により、読者層は急速に拡大し、翻訳書・解説書を通して非ムスリムもそこに含まれるようにな

図1　大正から昭和初期にかけて刊行された「世界聖典全集」の内容見本

（上）表紙，（下）裏表紙．初回配本の『コーラン經』が掲載されている（筆者所蔵）．

る。歴史的に日本は非ムスリム圏である。だがそれにもかかわらず、大正時代にクルアーンが初めて日本語に翻訳されて以降（図1参照）、特に最近、翻訳書の出版が続いているように(1)、充実の翻訳史をもつ。これは、非ムスリム日本人がイスラームに高い知的関心をもってきたことを示すと同時に、昨今急増するムスリム日本人の知的営為への真摯な努力の賜物ということができるだろう。なかでも日本人ムスリムによる翻訳書が続いているという状況は、クルアーンの「読み方」への多様なニーズが生まれていることを反映していると考えられる。

イスラームとの接触が極めて遅かった日本においてさえこのような状況であり、世界を見れば、さらに長く多様な「読み方」つまり「解釈」の歴史が展開されている。ムスリムは自分自身の問題として、聖典であるクルアーン解釈（タフスィール）に向かい合ってきた。非ムスリムは、古典または「他者」の聖典として、それぞれの関心に応じてクルアーンを紐解いてきた。

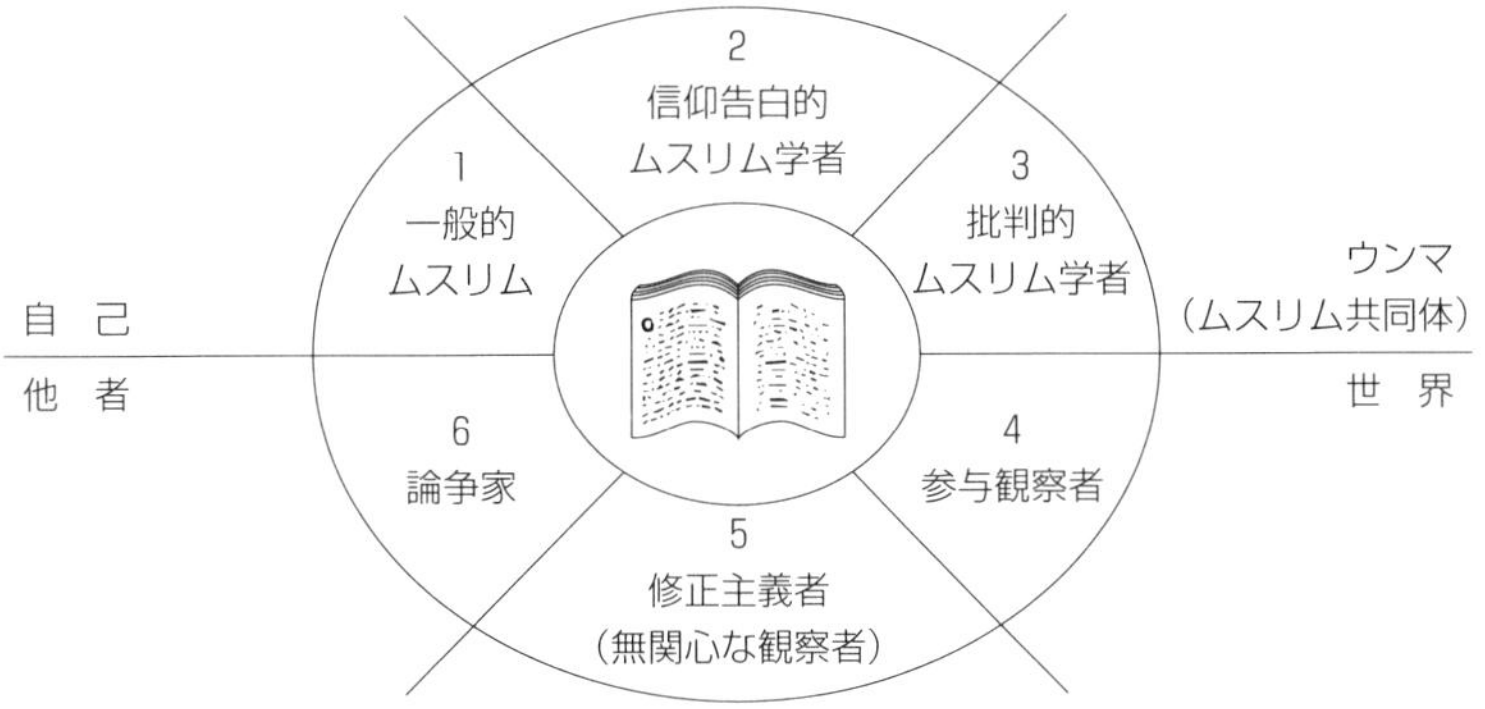

図2　ファリド・イサクによるクルアーンへのアプローチの六分類
Farid Esack, *The Qur'an : A Beginner's Guide*, p. 3. 但し，大川玲子『クルアーン　神の言葉を誰が聞くのか』６頁より.

そこで、クルアーンへのアプローチについて、アフリカ出身のムスリム学者ファリド・イサクによる六分類法を見ていきたい[2]（図２参照。イサクについては後述）。イサクはクルアーン理解を大きく二つの道に分けている。クルアーンを「神の言葉」つまり「聖典」として理解する道と、知的関心の対象となる重要な書物として理解する道である。ムスリムであるイサクは前者を「自己」による理解、後者を「他者」による理解と認識している。そして、それぞれをさらに二つに分け、全体としてクルアーンを読む者のタイプを六つに分類した。

図２の上半分にあたる「自己」つまり「ムスリム」は「ウンマ（ムスリム共同体）」に属し、次の三つのカテゴリーがあるという。「１　一般的ムスリム」は批判的に見ることはなく、ただクルアーンを愛読する者とされる。これが恐らく「自己」の大多数であろう。「２　信仰告白的ムスリム学者」は、学問的ではあるがクルアーンを愛読する者である。例としてスユーティー、マウドゥーディー、ビント・シャーティウなどがあげられている（これらの学者については後述）。「３　批判的ムスリム学者」は、批判的な愛読者とされる。クルアーンに魅了されているが、その性質や起源に疑問をもち、検討する学者である。アブー・ザイド、ファズルル・ラフマーン、ムハンマド・アルクーンが

代表例とされ、イサク自身「私は批判的かつ進歩的なムスリムで、真摯な学問的努力に多大な敬意を表するクルアーンの学徒である」と述べ、ここに含まれると考えている。アブー・ザイド（二〇一〇年没）、ファズルル・ラフマーン（一九八八年没）、ムハンマド・アルクーン（二〇一〇年没）は、それぞれエジプト、パキスタン、アルジェリアというムスリム国の出身であるが、オランダ、アメリカ、フランスに移住して、学問を追及した。西洋的学問の影響を強く受けており、祖国にいたならば難しかったであろう革新的な研究成果を残している。

イサクはさらに、図2の下半分にあたる非ムスリムつまり「他者」によるクルアーンの読み方を三つに分類している。「4　参与観察者」は、クルアーンを愛読するムスリムの友とされ、「3」に近いという。このような読者はムスリムの感性に配慮し、それを理解した上で、クルアーンを読む。例としてはハーバード大学教授であったウィルフレッド・キャントウェル・スミス（二〇〇〇年没）などがあげられている。ここが非ムスリムによるクルアーン理解の最も融和的な立ち位置であろう。

「5　修正主義者（無関心な観察者）」は「のぞき見をする」ような者だとされ、ムスリムの感性への配慮はなく、ただ事実を冷徹に分析しようとしていると批判的に述べられている。例としてはムスリムの学説を真っ向から否定した西洋の学者たちがあげられている。彼らは、イスラームやクルアーンの成立背景をユダヤ・キリスト教的環境という側面のみから議論しようとする「修正主義」的な研究を行い、ムスリムの立場とは対立する。さらに「6　論争家」は、ムスリムの立場に否定的な「5」の研究の結論のみを受け入れ、インターネットなどでクルアーンを非難し、自分の信仰の正当化を図るという。イスラームについて情報が少ない環境にいる者たちは、恐らく否定的な情報を鵜呑みにすることが少なくないであろう。このように現代において、クルアーンという書物を読む、つまり解釈する立場は大きく六つに分けることができる。

本稿はこの分類を念頭に置きつつ、ムスリムによる解釈の歴史と現代的展開を概観した上で、日本でどのようにクルアーンが読まれ得るのかを考えていきたい。「一　ムスリムによるクルアーン解釈の伝統と近代化」と「二　現在のムスリムによるクルアーン解釈」では、ムスリムのクルアーン解釈の歴史と現状について見ていく。さらに「三　日本人にとっての聖典とクルアーン」では、日本社会特有の宗教観・聖典観をふまえつつ、クルアーン理解のあり方を検討する。そして最後に、イサクの「1」から「6」の分類カテゴリーが日本でどのような状況にあるのか、そして今後のクルアーン理解がどのような可能性をもつのかについて考えたい。

一　ムスリムによるクルアーン解釈の伝統と近代化

1　近代以前

ムスリムによるクルアーン解釈（タフスィール）は長い歴史をもつが、近代前後でその方法論や内容について大きな変革をとげ、現代にいたっている[3]。概して、近代以前は、オスマン帝国やムガル帝国が繁栄し、ムスリムたちは支配者側の立場にあった。ゆえにイスラームの伝統を継承することに深刻な疑問が示されることはなく、これはクルアーン解釈という学問分野においても同様であった。伝統的なクルアーン解釈は、ハディースなどの伝承を典拠とすることを重視し（「伝承によるタフスィール」）、イスラーム学を学んだ男性のウラマーによってアラビア語で書かれてきた。この傾向は、現在も保守的なウラマーによる解釈において継続されている。

タバリー（九二三年没）は、ペルシアのタバリスターン地方（イランのカスピ海南岸）の出身で、幼い頃から宗教教育を受け、七歳でクルアーン全てを暗記したという。若い頃に学問のために家を出て、ペルシア、シリア、エジプトで学んだ。その『クルアーンの解釈における説明集成』(4)はアラビア語で書かれ、最もよく知られるスンナ派解釈書の一つで、今なお基本文献とされている。クルアーンの各句に関連する膨大な伝承を収集して列挙しており、彼自身の見解が明瞭に論じられているわけではない。

イブン・カスィール（一三七三年没）は、シリアのダマスカスで活動したハディース学者で、著名なハンバル派法学者イブン・タイミーヤ（一三二六年没）の弟子である。イブン・カスィールが著した解釈書『偉大なるクルアーンの解釈』(5)は今も広く読まれているが、イブン・タイミーヤの思想の影響を受けたものだと考えられている。この解釈書はクルアーンを解釈する際に、後世の情報を極力排することを目指しており、クルアーンの他の個所やハディース、サラフ（イスラーム最初期の世代）の伝承を参照することを方法論として提唱している。

エジプト出身のジャラール・アル＝ディーン・アル＝スユーティー（一五〇五年没）はエジプトのカイロで生まれ、父はシャーフィイー派法学派の教師であった。その師ジャラール・アル＝ディーン・アル＝マハッリー（一四五九年没）が完成できなかった解釈書を補完したものが、『二人のジャラールのクルアーン解釈』である。アラビア語で書かれているが、幸いなことに日本語訳がある。(6)簡潔な注釈を特徴としており、アラブ圏のみならず、東南アジアなどでもアラビア語でクルアーン解釈を学ぶための基本文献として長らく用いられてきた。(7)スユーティーは『伝承による解釈における貫き止めぬ真珠』(8)という解釈書も書いており、これはタバリーの解釈書の系譜に属し、クルアーンの章句に関わる伝承を集めた大部のものである。

このように、伝承に依拠し個人見解を抑えた解釈が、近代以前の古典期においては主流であった。しかし、個人見解が比較的強く見られる解釈書も著されてきたのも重要な事実である。例えば、ファフル・アル＝ディーン・アル＝ラーズィー（一二〇九年没）は正統神学派であるアシュアリー派の神学者として知られるが、イランのレイで生まれ、ホラズム地方で学び、アフガニスタンのヘラートに住んだ。アラビア語で書いた『不可視界の鍵』（別名『大解釈』）[9]は、伝承のみならず、文法学、神学、法学など多種多様の学問分野から、クルアーンの句に関連する事柄について網羅的に述べている。よって伝承のみに依拠せず、個人見解も示されている。

その他、シーア派学者やスーフィー学者によるものは、クルアーンの句を比喩的に解釈する傾向が見られる。このように、クルアーン解釈が各自のイスラーム観を表明する多様性の場であり得ることは、近代以前の状況からもうかがえるが、近代以後と比較すれば、その傾向は弱いということである。

2 近代以降

ムスリム世界においても近代は、西洋との直接的接触によって始まった。しかしこの「直接的接触」は植民地化に至るものであり、ムスリムたちは覇権を失い、支配者層から被支配者となっていった。このため、ムスリム学者たちは西洋文化の存在を無視することはできなくなり、それを受け入れてイスラームと整合性をもたせようとする者もいれば、反発してイスラームの復古を目指す者も現れた。この思想的ダイナミズムはクルアーン解釈にも反映され、新しい解釈が次々に生まれることになった。西洋文化の影響のもと、ウラマー以外も解釈を著すようになり、伝承のみを典拠とはせず、解釈者の理性（思考）が用いられるようになった。その結果、社会問題への視座が読み込まれ、解釈は同時代性を強く帯びるようになっている。これは当然ながら、保守的な解釈を是とする者たちからは批判の対象となる。

ムハンマド・アブドゥ（一九〇五年没）はイギリス支配下となったエジプトでイスラームの近代化をはかるなかで、クルアーン解釈の近代化の道を切り開いていった人物である。彼とその弟子ラシード・リダー（一九三五年没）によるアラビア語の『マナールのクルアーン解釈』[10]は、クルアーンの解釈史のなかでまさにエポック・メイキング（画期的）な著作ということになる。合理的な解釈を展開し、伝承に依拠せず、根拠のない解釈を排除して、クルアーン理解の近代化をはかった[11]。解釈は第十二章一〇七節までなされ、その内容は、西洋によるエジプト支配への批判、理性の重視といった多岐にわたるものであるが、そこでは精神的導きとしてクルアーンを理解しようとする意図が貫かれている。

アブドゥはエジプトのナイル・デルタ地方で生まれ、アズハル出身で、その意味では伝統的なウラマーということになる。彼のクルアーン解釈もアズハルでの講義を土台とし、リダーが書き留めて修正したとされる。アブドゥはウラマーではあったがアズハル改革を試みており、従来のウラマーによる前例踏襲的な学問のあり方に批判的であった。リダーはシリア（現在はレバノン領のトリポリ近郊）の出身のウラマーで、アブドゥの下で学ぶためにエジプトに移住したのであった。

タンターウィー・ジャウハリー（一九四〇年没）[12]はエジプトで生まれ、アズハルで学んだが、科学を学ぶことでイギリス支配下にあった祖国を強くしようと考えた。その『クルアーン解釈の宝石』（一九二二―三五年）は、西洋起源の科学に基づく知見とクルアーンの内容が対立しないことを示そうとした。今に至るまで多く刊行されてきた「科学的タフスィール（クルアーン解釈書）」というジャンルの最初期のものである。

ビント・アル＝シャーティウ（一九九八年没）は、エジプト出身で、女性としては恐らく二番目[13]にクルアーン解釈書を著した学者である。カイロ大学文学部出身で、西洋的学問を修めており、アズハルで演説をした際にウラマーから嫌がらせを受けたようである。その解釈書『クルアーンの修辞的解釈』[14]は文学的タフスィールと呼ばれるもので、そのアラビア語の特質に焦点を当てて解釈がなされている。アラブ民族主義を説くナセル時代の一九六〇年代に刊行されたこともあり、多くの読者を獲得した[15]。

サイイド・クトゥブ（一九六六年没）はムスリム同胞団のカリスマ的イデオローグで、ナセル政権を批判し、投獄の後、死刑に処された。幼い頃にクルアーンを暗誦した後、カイロの師範学校で学び、教育省で務めたように、西洋的・近代的な学問を身につけた人物である。だがアメリカ留学後に、反米・反エジプト政府意識をつのらせ、同胞団に入団する。そのクルアーン解釈書『クルアーンの陰で』[16]は投獄中に執筆された。ナセル政権の非イスラーム性を批判し、イスラームを基盤とする革命行動を促しており、社会政治的タフスィールと呼ばれ得るものである。政治的な個人見解が多く述べられ、英語など多くの言語に翻訳され、今なお読み継がれている[17]。

以上はエジプト出身の解釈者ばかりであるが、それにはやはり理由がある。アラブ・スンナ派ムスリムの世界ではアズハルを擁するエジプトが学問の中心地であり続けた。そのエジプトがイギリスの支配下に置かれることで、西洋文明との対峙が始まり、独立後もそれは継続された。ゆえに自らの価値体系について深く再考する必要に迫られ続けたのであった。それが反映されたものが、上述の解釈書ということになる。このエジプトの状況と共通性をもっていたのが、インド亜大陸であった。イギリスの植民地となったことで、インドのムスリムたちは西洋文明との対峙を迫られ、その答えをクルアーンに求め、新しい解釈書を世に出すことになった。さらにインドのムスリムの状況は、パキスタンの分離独立後に、この地で宗教的マイノリティになったことでさらに複雑になった。

アーザード（一九五八年没）はサウディアラビアのマッカで生まれたが、父はインドの学者一家に属すスーフィーの導師で、母はマディーナのムフティ（法学裁定のファトワーを出す法学者）の娘であった。アーザードは家族と共に幼少期に、インドのカルカッタに移住し、父の指導の下でイスラーム教育を受けた後、ジャーナリストとして活躍した。『三日月』という雑誌を通して、クルアーン的イスラーム精神をインドのムスリムに再生させ、政治的問題の解決をはかろうとした。ガンディーと共にインド独立のために活動し、ムスリムとヒンドゥー教徒の共存を目指した。『クルアーンの翻訳』をウルドゥー語で著し、その注において異教徒との共存の可能性を読み込んだ。英語訳も広く読まれている[18]。

マウドゥーディー（一九七九年没）は、南アジアのみならず、モロッコからインドネシアまで影響力をもった思想家・政治家である[19]。彼はインドのアウランガーバードに生まれたが、一族はムガル宮廷と近い関係をもっていた。一一歳からマドラサで学び、その後、政治問題に強い関心をもつようになった。一九一九―一九二四年に展開されたヒラーファト運動（カリフ制擁立を掲げた反英闘争）の終焉を機に、ヒンドゥー教徒との共存ではなくイスラーム主義の追及に向かったとされる。彼のイスラーム復興の主張は、ヒンドゥー教徒との分離に向かうもので、一九四一年にジャマーアテ・イスラーミーを創設、一九四七年のパキスタン建国後もイスラーム国家としてのあり方を説き、影響力を持ち続けた。一九四二年から一九七二年にかけて、ウルドゥー語でクルアーンの翻訳・注釈書『クルアーンの理解』を著した。イスラームの復興や革命のための行動の指針としてクルアーンを読むことを目指し、英語訳も刊行され、広く読まれている[20]。

二　現在のムスリムによるクルアーン解釈

1　特　徴

現代のムスリム解釈者たちは、近代以降のグローバリゼーションの状況を生き、その同時代性がそれぞれの解釈に色濃く反映されている。近代以降の特徴である、非ウラマーが個人見解を用いて解釈を行うという傾向はますます強まっている。加えて、解釈者のなかには、女性、改宗者、非ムスリム国居住者といったマイノリティとしての属性をもち、かつ、英語読者を強く意識する者が増えている。このような意味で、クルアーン解釈は人やモノ、情報の交流が極めて緊密になった現代において、新しい局面を迎えつつあると言える。解釈書が英語で書かれ流通することで、アラビア語文化圏を越えて広がり、マイノリティとしての特性が共感や反発をともないつつ共有されることが可能になっているのである。

2　ワヒードゥッディーン・ハーン（一九二五年生）

ハーンはインドの平和主義者で、ヒンドゥー教徒との共存を説く。一九四七年にインドがイギリスより独立し、多くのムスリムがパキスタンへと移住したが、ハーンはインドでムスリムとして生きることを選び、ナショナリストかつガンディー主義者だと自認している。マウドゥーディーが創設したイスラーム主義組織のジャマーアテ・イスラーミー（インド支部）や、イスラーム復古を実践するタブリーギー・ジャマーアトにも参加したが、納得できずに脱退した。その後、ニューデリーを拠点とする平和精神性・国際センター（CPS）を創設し、ヒンドゥー教徒がマジョリティであるインドで、マイノリティのムスリムとしていかに生きるべきかを、精神面に重点を当てて説くようになる。一九九二年にアヨーディヤーのバーブリー・モスクがヒンドゥー教徒によって破壊されたことを契機に、ムスリムを中心に全インドで千人以上の死者が出た際にも、ムスリムとヒンドゥー教徒の調和を唱えるデモ行進を行っている。

一九八六年にクルアーン翻訳書に注釈を加えた『クルアーン　翻訳・注釈・アラビア語対訳』をウルドゥー語で刊行し、ヒンドゥー語（二〇〇八年）、アラビア語（二〇〇九年）、英語（二〇一一年）にも翻訳され、広く読まれている。[21]

ここでは、クルアーンを読むことで人々の内面が目覚め、忍耐と寛容の精神を得て、敵をつくることなく、平和的に生きることができることが説かれている。

3　アミナ・ワドゥード（一九五二年生）[22]

ワドゥードはアフリカ系アメリカ人女性として生まれ、キリスト教徒として育ち、ムスリムに改宗した人物である。このことが彼女のイスラーム観、ひいてはクルアーン解釈に大きな影響を与えている。改宗は一九七二年、ミシガン大学の学生の頃で、当時はアフリカ系かつ女性であるという二重の差別に苦しんでいた。そのようななか、イスラームの教えにこそ、人間の平等を説く思想があると考え、改宗したという。二〇〇五年にニューヨークで男女混合礼拝のイマーム（導師）を務めるなど、これまでの伝統を乗り越えようとしてきたため、保守的なウラマーなどからは批判を受けている。

ミシガン大学からアラブ・イスラーム学で博士号を取得し、英語で書かれた博士論文を基に刊行した『クルアーンと女性　女性の視点から聖典を再読する』（一九九九年、初版一九九二年）[23]が世界中で大きな反響を呼び、賛否両論の立場が今なお存在する。アラビア語訳も出版されたが、禁書となっている国もある。この解釈の立場は、言語上、男女形という違いがあるアラビア語ではなく、英語でクルアーンを読むことで、伝統的な男性優位の解釈を乗り越えるというものである。そもそもクルアーンは男女平等な「ユートピア」を説いており、現在ある差別は、後世の誤った解釈によるものとする。例えばクルアーン四章一節に関して、人類創造は男性のアーダム（アダム）が先だったという伝統的見解を乗り越え、一つの魂（ナフス）から男女が生まれたと読むなど、大胆な解釈を提示している。また「前提テクスト」として解釈者の個人見解を重視しており、これも伝統的な解釈とは大きく異なる点である。

4　ファリド・イサク（一九五九年生）[24]

イサクは南アフリカ共和国出身のムスリムで、反アパルトヘイト闘争に関わったことでも知られる。ケープタウンのインド系ムスリムのコミュニティで生まれ育っており、彼自身、アパルトヘイトと貧困の犠牲者であったと述べている。ただこのコミュニティには、多様な文化・宗教的背景をもつ「有色人種」が混住しており、そこで多様性を認める生活感覚を得たという。幼少期にアラビア語やクルアーンの学習を始め、九歳でタブリーギー・ジャマーアートに入り、奨学金を得て、パキスタンのカラチのマドラサで学んだが、非常に保守的だという印象をもったらしい。一九八二年にパキスタンから帰国し、反アパルトヘイト闘争を始めた。

そこから生まれた解釈書が、『クルアーン、解放そして多元主義　抑圧に抵抗するための宗教間連帯に関するイスラーム的視点』[25]（一九九七年）で、英語で書かれている。例えばムーサー（モーセ）が圧制者のフィルアウン（ファラオ）からイスラエルの民を導いて救い出したというクルアーンの記述は、解放を説くイサクの解釈において重要な意味を付与されている。さらに多元主義つまり多様性の肯定によってこそ、抑圧からの解放、人種平等、「他者」との連帯が可能となると説かれ、国内外のムスリム・非ムスリムから大きな支持を得てきた。イサクはワドゥードと同様に、「前理解」と呼ぶ個人見解を重視し、伝統的な解釈方法を乗り越えようとしているが、ワドゥードとは異なり、クルアーン解釈（タフスィール）の伝統もふまえた上で解釈をほどこしている。これは彼が生まれながらのムスリムでアラビア語にも親しんできたことに関係するかもしれない。

5　ムハンマド・アル＝アーシー（一九五一年生）(26)

アーシーは現在、注目を集めるイスラーム主義の解釈者である。米・イスラエル・サウディアラビア政府を批判し、イラン革命を支持、サイイド・クトゥブの影響を受けたことを認めている。アメリカ合衆国ミシガン州で生まれたシリア移民の第二世代であるが、一一歳からレバノンで育ち、ベイルート・アラブ大学でアラブ文学やイスラーム学を学んだ。この頃、ムスリム同胞団やイスラーム解放党（ヒズブ・アル＝タフリール）やジャマーア・アル＝タブリーグ（タブリーギー・ジャマーアート）といったイスラーム主義組織に関わったという。卒業後アメリカに戻り、米空軍に従軍し、大学で政治学を学び卒業している。一九八〇年代前半にはワシントンDCのイスラーミック・センターのモスクのイマームを務めたこともあった。

英語でクルアーン解釈を読みたいという声を受けて、現代イスラーム思想研究所（ＩＣＩＴ）の英語雑誌『国際三日月』でクルアーン解釈の連載を開始した。それをまとめたものが、『上昇のクルアーン　人間を聖なる力の文化に再編する』として二〇〇八年より刊行され、現在一四巻（七章二〇六節）まで刊行済のようである(27)。ここでは、現代の文脈でクルアーンを読み解くことを目指し、彼自身の国際政治観に基づく見解が展開されている。それゆえに、米・イスラエル・サウディアラビア政府批判の言説が多く、また例えばシオニズムについて歴史的背景を丁寧に説明するなど、読者層のニーズを意識しつつ、「不正」に対してそれを「正す」行動を呼びかける解釈書となっている。

6　共存と寛容をめぐる解釈例

共存と寛容に関係するとされる、次のクルアーンの三つの句の解釈を具体的に見ていきたい。共存と寛容に焦点を当てる理由は、グローバル化する世界のなかで、ムスリムが非ムスリムと接する機会が急速に増え、これらが重要なテーマとなっているからである。

このとき以来、われらはイスラーイールの子孫のために書き記しました。人を殺し地上に腐敗を広めたという理由なく、人一人を殺す者は、全人類を殺したのに等しい、また人一人の命を救う者は、全人類の命を救ったのに等しいと。そして確かにわれらの使徒たちは、かれらに明らかな証拠を持って来ました。でもかれらの多くは、その後も地上において過剰なことをしています。（五章三二節、『クルアーン　やさしい和訳』）

ハーンはこの句に対して、命の重要性を含めた、人間の尊厳と社会の関係を念頭においた解釈を示している。命のみならず名誉や財産を傷つけることで社会は異常事態となるのであり、相互を尊重する伝統の形成には長い歴史が必要で、一度損なわれたら再構築には時間がかかる。つまり暴力の伝統構築は社会における最悪の敵である、と述べている[28]。これは、ハーンが生きるインドで、ヒンドゥー教徒とムスリムの間で多くの血が流されてきたことをふまえた解釈だと理解できる。対してアーシーは、この句をムスリムの現代的問題、特にパレスチナ問題に結び付けて解釈している。彼は、現代において極めて多くの罪なきムスリムが殺戮されてきており、そのなかでもユダヤ教徒によるパレスチナの人々への被害が甚大であるという状況について述べ、これらの解決はクルアーンの教えに従いつつ、声とペンを用いて行うべきだ、と主張している[29]。具体的な事例は異なるが、解釈者たちはどちらも現在進行している暴力への解決を論じる土台として、クルアーンのこの句をとらえていると言える。

次に、異なる価値観の共存を示唆すると考えられる二つの句を見ていきたい。

誰でもそれぞれ向かう方向があるのです。そこで善行を競いなさい。あなた方がどこにいても、アッラーはあなた方を一同に集められます。誠にアッラーは、何事についても全能な方なのです。（二章一四八節、同右）

人びとよ、われらは一人の男と一人の女からあなた方を創り、さまざまな種族と部族に分けました。それはあなた方が、互いに知り合いになるためです。アッラーの御元で最も貴い人は、あなた方の中、最も（アッラーを）意識する人です。確かにアッラーは、全知にして、あらゆることに通暁しています。（四九章一三節、同右）

これらの句では、「方向」の多様性と、男女・人種・民族の相違が肯定されているように読める。イサクはこの二つの句を合わせて解釈し、「他者」つまり非ムスリムとは、共に善事を競い合って、アッラーからの報酬を得ることができる存在だと肯定的に論じている。[30]ワドゥードは四九章一三節に対して解釈を示し、アッラーは、貧富・民族・性・歴史的背景ではなく、タクワー（アッラーへの畏怖の意識）によって人々を区別する、としている。[31]ハーンもこの句について、民族や宗派、国家の違いはアイデンティティ確立のためであって差別のためではなく、差別は多くの対立を生む。重要なのは神を畏怖しているかどうかである、と注釈している。[32]アーシーは二章一四八節について、欧米・イスラエルのユダヤ教徒やキリスト教徒によってムスリム内部に混乱と分裂が生じているが、モラルを競って解決すべきだと述べている。[33]ここでもまた、それぞれの解釈者たちが、それぞれの立場からの解釈を行っていることが分かる。クルアーンの言葉が、開かれたものであることがうかがえるだろう。

三　日本人にとっての聖典とクルアーン

1　日本人にとっての「聖典」

日本の宗教人口調査は極めて難しいとされるが、例えば「ＩＳＳＰ国際比較調査（宗教）」[34]によればこうである。「あなた自身は、何か宗教を信仰していますか」という質問に対して、三九％の人が、「宗教を信仰している」という回答であった。このなかで信仰している宗教の内訳は、仏教が三四％、神道が三％、キリスト教が一％、その他の宗教が一一％という結果であった。また、「宗教を信仰していない」という人は四九％となり、信仰しているという人を明らかに上回っている。

さらに、どのような宗教的行動を行っているかという問いへの答えとしては、仏壇や神棚を拝むこと、初詣やお墓参りといったものが、やはり多いようである。例えば、仏壇を毎日拝む人は二三％、ときどき拝む人も二三％、たまに拝む人が二一％だという。神棚についてはそれぞれ、一一％、一四％、二五％となっている。程度の差はあるが、おおよそ半数の日本人が仏壇や神棚を拝むことになじんでいることになる。また、お墓参りは六六％が「よくする」、二九％が「したことがある」、初詣も五五％が「よくする」、三七％が「したことがある」となっており、大多数の日本人が経験しているということになる。

対して「聖書や経典を読む」人は、「よくする」が六％、「したことがある」が二一％であるという。そもそも宗教人口の少ない日本では、「自らの聖典」を持ち、読誦し、その意味を考えるという宗教行為は、決してよくあるものではない。しかも、特定の宗教に属すからと言って、必ず聖典を読む必要があるわけではない。よって、大多数の日本人は「自らの聖典」を持たず、「聖典」とされる書を読む場合もそれが「神の言葉」か否かは深く問わないことが多いであろう。

しかし書店に行けば、聖典に関わる書籍を少なからず目にすることができ、関心・需要が一定以上あることが分かる。例えば僧侶による仏典を典拠とした人生論の書籍も数多くある。さらにはインド哲学の大学者であった中村元も、仏教思想をふまえた人生論を著している。聖書もまた人生に迷いのある読者に向けて、多くのメッセージを含みもっていると考えられている。つまり日本社会では、聖典を人生の指針を与える智慧の書としてとらえるニーズがあるということである。「苦しい時の神頼み」ということわざがあるが、人生に迷った時に「聖なる言葉」に答えを求めるという意識が見られる。

キリスト教は、日本の文化に根付いており、特に文学において大きな影響があった。明治時代以降、島崎藤村や有島武郎、徳冨蘇峰、国木田独歩など、著名なキリスト者作家が数多く輩出されてきた。太宰治は入信してはいないが、キリスト教に深い関心を持ち続け、その作品では聖書からの引用も多く、次のようにも述べている。「聖書一巻によりて、日本の文学史は、かつてなき程の鮮明さをもて、はっきりと二分されている。マタイ伝二十八章、読み終えるのに、三年かかった。マルコ、ルカ、ヨハネ、ああ、ヨハネ伝の翼を得るは、いつの日か[35]」。

戦後では、『泥流地帯』や『塩狩峠』で知られる三浦綾子や、最近ハリウッド映画化された『沈黙』でも知られる遠藤周作は、今なお読み継がれるキリスト者作家であろう。久保田暁一は三浦文学を(一)キリスト者としての愛の理想像を描いたもの、(二)人間の罪を問うもの、(三)名もなき民への愛と共感に基づくもの、(四)信仰を語る自伝エッセイ、の四つに分類しているが[36]、どれも深くキリスト教的価値観に根差すものである。ちなみに筆者は高校生の頃に読んだ『氷点』が深く印象に残っている。今回確認してみたところ、聖書の「汝の敵を愛せよ」（マタイ福音書、五章四節）の言葉と原罪の問題が土台にあることを再確認し、感慨深いものがあった。遠藤の文学もまた、（一）人間の罪の弱さ、（二）日本とキリスト教の風土上の異質性、（三）イエス・キリスト像と神の救い、（四）歴史に埋もれた弱者の復権が主たるテーマとされ、三浦とも通じるものがあり、キリスト者作家と呼ぶにふさわしい文学作風だと言える。(37)

仏教をテーマとする文学作品もまた数多くある。特に仏教の影響の強い作家としては、幼少期に禅寺で育ち得度もした水上勉や、五〇歳頃に出家した瀬戸内寂聴、僧侶でもある芥川賞作家の玄侑宗久が思い浮かべられるだろう。筆者が個人的に仏教小説と言われて思い至るのは、中里介山の『大菩薩峠』(38)である（残念ながら全巻読破はできずにいるが）。剣の達人、机竜之介が主人公に設定された大衆剣豪小説として知られるが、中里自身が「大乗小説」と呼んでいるように、その物語は仏教的無常観や浄土思想を反映して展開されている。実際に小説の冒頭で、この物語の「主意とする処は、人間界の諸相を曲尽して、大乗遊戯の境に参入するカルマ曼陀羅の面影を大凡下の筆にうつし見んとするにあり」と述べられている。

さらに日本では明治以降、世界に目が開かれ、さまざまな「聖典」・「教典」・「経典」に関する研究が行われてきた。神道や仏教、儒教、道教といった日本で古くから存在していた宗教の『法華経』、『般若経』、『論語』などに加えて、近代になって日本で成立した大本教や天理教の『大本神諭』や『おふでさき』もここに含まれる。さらにはユダヤ教、キリスト教、ヒンドゥー教、ゾロアスター教といった日本から離れた場所で発生した宗教の聖典である、『旧約聖書』、『タルムード』、『新約聖書』、『ヴェーダ』、『バガヴァッド・ギーター』、『アヴェスター』などが研究対象となってきた。これらを広く網羅する『世界聖典全集』が大正九年から月に一回のペースで刊行されており、(39)日本人が世界の「聖典」を見る重要な基盤になったと考えられる（図1・表1）。

表1　世界聖典全集一覧

前輯（前集）	
一『日本書記神代巻』全	加藤玄智纂註
二-三『四書集註』上下	宇野哲人訳
四-五『聖徳太子三經義疏』上下	高楠順次郎他訳
六『印度古聖歌』全	高楠順次郎訳
七『耆那教聖典』全	鈴木重信訳
八-九『アヱスタ經』上下	木村鷹太郎訳
一〇-一一『死者之書』上下	田中達訳
一二『新訳全書解題』全	高木壬太郎訳
一三『新約外典』全	杉浦貞二郎訳
一四-一五『コーラン經』上下	坂本健一訳
後輯（後集）	
一『古事記神代巻』全	加藤玄智纂註
二『道教聖典』全	小柳司気太他訳
三-一一『ウパニシャット全書』一-九	高楠順次郎他訳
一二『旧約全書解題』全	石橋智信著
一三『旧約外典』全	杉浦貞二郎訳
一四『アイヌ聖典』全	金田一京助訳
一五『世界聖典外纂』全	高楠順次郎他著

そしてここにこそ、最初のクルアーン日本語訳である、坂本健一（一九三〇年没）による『コーラン經』[40]が含まれている（図3）。坂本はこの翻訳以前に、坂本蠡舟の名でムハンマド伝『麻謌末』[41]を著していた歴史著述家である。日本で最初に翻訳されたクルアーンがこの「世界聖典全集」の初回に配本されていたことの意味は大きいと考えられる。つまり、当時の日本人にとってクルアーンは世界全体を知るための重要な書物であったのである。内容見本には次のような宣伝文句が記され、その意義が強調されている（現代語表記にあらためている）。

> 回教は仏基両教と共に世界の教界に鼎足の勢を張る大宗教である。仏教が智の教、基督教が愛の教となすならば、回教は勇の教である。イスラムとは神に服従するの義で、その聖典コーランは神意になったものである。……天下の諸宗中最も敬虔熱烈な二億五千万教徒の金科玉条である……。

この絶大の精神は那辺にあるかと問うに、真髄の存する所ただコーランにある。……

この全集編纂のお手本となったものが、宗教学者フリードリヒ・マックス・ミュラー（一八二三―一九〇〇年）が編纂した『東方聖書全集』だと考えられる。[42] ドイツに生まれオックスフォード大学で教鞭をとったミュラーは、インド学を専門としたが、宗教研究に比較という視座を導入し宗教学の土台をつくった学者である。『東方聖書全集』には、『ウパニシャッド』、『アヴェスター』、『バガヴァッド・ギーター』や『クルアーン』といった「東洋」の宗教聖典のみが含まれているが、比較宗教学的に視点にたった重要な全集である。

図3　「世界聖典全集」の『コーラン經』と『印度古聖歌』

（左上）『印度古聖歌』，（右上）『コーラン經（上）』，（下）『コーラン經（下）』（筆者所蔵）．

この全集と日本の『世界聖典全集』をつなぐのが、仏教学者の高楠順次郎（一九四五年没）であった。彼は、オックスフォード大学でミュラーに学んで、『東方聖書全集』に関わり、『世界聖典全集』の編集顧問となって、『印度古聖歌』（図3）や『ウパニシャット』を訳している。このような流れから『世界聖典全集』は『東方聖書全集』の影響を受けて成立したと考えるのが妥当であろう。そして日本人学者の手になるこの『世界聖典全集』は、さらにユダヤ教やキリスト教の聖書や『アイヌ聖典』（金田一京助訳）まで含めつつ、それらを対等な形、つまり比較宗教学的視点で集めようとした成果だととらえることができる。ここに日本人の学問的探究心の広さ、そして貪欲さ、かつ、多文化並存を肯定しようとする視点を見ることができるかもしれない。

2 日本人にとってのクルアーン

では、非ムスリムである大半の日本人は、クルアーンをどう読み得るだろうか。吉村作治『聖戦の教典 コーランの秘密 中東の明日を左右するアラブの大義とは』(一九九一年)は、湾岸戦争の後に『コーランの奇蹟』(一九八三年)を加筆して再出版されたものである。[43] このなかでは、当時の国際情勢をふまえて、「サダム・フセイン大統領がイラク国民に対して、くりかえし『聖戦』を叫ぶのも、コーランの教えに忠実にありたいがゆえなのである」[44]、「中東は、コーランを軸に動いていると言ってよいのだ」[45]、といった言葉が序章で加筆されて述べられている。これは日本人の一般的な「コーラン」に対するイメージに通じるものであろう。

とは言え、その内容について知っている日本人は極めて少ないのが実情である。西洋社会のみならず、アジア諸国と比較しても明らかなように、日本社会は、歴史的・地理的にムスリムと接触する機会がほとんどなかった。さらに、多神教的宗教文化を土壌にもち、一神教であるイスラームへの関心が切実ではなかったためであろう。クルアーンの翻訳書が大正時代以降にいくつも現れ、手に取ることができるようになっても、背景の知識がなければ、それを読破して理解することは極めて困難である。例えば、田中四郎は一九七五年に「その内容には冗漫な部分が多く、同じ言葉の繰り返しが続き、そのすべてを読むことは一種の拷問に近いという声すら耳にする」[46]と述べている。

これはクルアーンの文体の特殊性に起因する壁であろう。そもそもクルアーンは声で読誦されるべきものであり、それを聞くことで感得するものがあるとされる。だが、日本でそのような機会が極めて稀であったことも、この困難さの一因と考えられる。また、内容に起因する難しさも当然ある。預言者などについてユダヤ教・キリスト教の教えと関連する事柄が多く述べられているため、その知識が少ない日本社会では容易くは理解できないということになる。

よってクルアーンを理解するためには、直接その読誦を聞く機会や十分な背景知識が必要だと言える。そしてそのためには、媒介が必要である。読誦を聞く機会は、インターネットの普及などで、その気になれば可能となった。背景知識の習得のためには分かりやすく伝える書物が必要ということになる。これは、翻訳書に加え、啓蒙書・文学作品・人生訓といった形となると考えられる。前に述べた、キリスト教文学作品については、イスラームと同じ外来の宗教が日本文学のなかでその位置を占めている状況であり、参考になるのではないかと考えられる。

日本人ムスリムに関して言えば、今後もその数を増やすと推測され、クルアーンに向かい合う姿勢がより一層深まることになるだろう。従って、ムスリムによる翻訳書が数多く刊行されている今、本格的な解釈書が求められる段階に入りつつあると考えられる。本稿ですでに紹介した現代世界で活躍する解釈者たちから分かるように、新しい解釈は、緊張ある環境のなかでこそ生まれる。マイノリティとして深くマジョリティ集団と向き合うことで、クルアーンの言葉から新しく引き出せるものが少なくないと推測されるのである。

ただ現段階においては、日本人による「タフスィール（クルアーン解釈書）」と銘打ったものは管見の限り世に出ていないが、解釈の萌芽としてクルアーン翻訳書の注解をとらえることができるだろう。先ほど、共存と寛容に関するクルアーンの句の解釈をとりあげたが、これらに対する三田了一訳『日亜対訳・注解　聖クルアーン』[47]と水谷周監訳著・杉本恭一郎訳補完『クルアーン　やさしい和訳』の注を見ていきたい。五章三二節に対しては、その意味に踏み込んだ注はほどこされていないが、「**誰でもそれぞれ向かう方向があるのです。そこで善行を競いなさ**

い」とする二章一四八節に関しては、両訳が次のような注を加えている。

人生はあたかも一つの到達点、善の到達点に向かって、すべての者がいちずに走る競争であるといった比輪に続けて、キブラの問題が繰り返される。それがすべての信者の到達点としてムスリムを結び付ける。（三田了一訳『日亜対訳・注解　聖クルアーン』）

「善行を競いなさい」とは、信徒の心構えとして、しばしば引用される一句。すなわち、金銭や名誉、子供の多さなど、現世の儚い事柄が競争の対象となってはいけないということ。（水谷周監訳著・杉本恭一郎訳補完『クルアーン　やさしい和訳』）

このように三田訳では人生の生き方が示唆され、水谷・杉本訳では、無意味な競争について具体的に述べられている。

さらに「一人の男と一人の女からあなた方を創り、さまざまな種族と部族に分けました。それはあなた方が、互いに知り合いになるためです」（四九章一三節）に関しては、三田訳は注を加えていないが、水谷・杉本訳はこう述べている。「諸民族の相互理解はアッラーの命令であるということから、一三節は国際会議や宗教間対話などでの標語のようになっている」と。この注は同時代性を意識した内容となっており、国際的な場における国家や民族、宗教の多様性と共存の努力がなされているなかで、クルアーンの言葉が意味をもつことが示唆されている。

このように、多様な日本語訳が出現した今、さらにムスリムの現状の多様化を反映した解釈が生まれることが期待されるのである。

おわりに

ここで再度、「はじめに」でとりあげたイサクの六分類に立ち戻ってみたい。日本でこの「1」から「6」のカテゴリーに当てはまる層は存在するのかという問である。そしてその答えは、幸か不幸か成立しつつある、というものではないだろうか。

まず日本の大多数を占める非ムスリム、図2でいう「他者」について考えていきたい。「4　参与観察者」は明らかに存在し、その代表は国際的に高い評価を得てきた井筒俊彦(48)であろう。「5　修正主義者」はアラビア半島周辺地域の七世紀前後の歴史について古資料を用いて分析する学問の深まりとともに、今後明確化するかもしれない。ただしそれが反イスラーム的立場によるものだという批判を受ける可能性は、日本では少ないかもしれない。欧米では、ユダヤ教徒やキリスト教徒の研究者がこれを行ってきたため、強い反論を受けたという側面もある。さらに「6　論争家」であるが、これはまさにイスラーム批判のための言説であり、ムスリムと日本人との接点がさらに密になるにともない、このような視点での発言者も増える可能性があるだろう。

次に日本ではマイノリティである、図2の「自己」つまりムスリムによるクルアーンへのアプローチについて述べたい。「1　一般的ムスリム」が増えてきていることが昨今の大きな特徴である。「1」の増加にともない、「2　信仰告白的ムスリム学者」も増えていると思われ、充実した研究成果が期待される。ただ「3　批判的ムスリム学者」についてはまだ時間がかかり、改宗者よりも生まれながらのボーン・ムスリムの間から出る可能性が高いのではないかと推測される。

このように日本におけるクルアーンへのアプローチは、イサクの言う六つのカテゴリーが徐々に埋まりつつあるという状況にあると言える。またすでに述べたように、イサクの分類は、西洋のユダヤ教・キリスト教的世界を背景としており、日本では異なる展開になる可能性もある。

ここで課題となるであろうことは、宗教への関心が高くなく、文化的・民族的に均質度が高いとされる日本で、どのようにムスリムを含む多元的な多文化社会が可能になるのかという点である。未だにイスラームに対する偏見や誤解が多いことは疑いがなく、それは情報の質と量の改善をはかると共に、日本人の文化観についてあらためて考えていく必要があると考えられる。

これは「文化本質主義」をどのように乗り越えていくのかという、グローバル化する世界全体の重要かつ喫緊の課題でもある。馬渕仁は文化本質主義を批判するなかで、文化本質主義とは「各々の文化は、その文化を表わす純正な要素をもっており、他の文化との間に何らかの明確な境界をもっている、と捉える文化観(49)」と定義している。この文化観が全く間違いというわけではないが、もはや現在は、特定の文化内だけで人々が生きる時代ではなくなった。文化本質主義は強固なアイデンティティの形成と異文化に対する排他性に結び付きやすい。グローバル化するこの世界は、人・モノ・情報の流動が緊密化し、多様な背景を内包する人々が混住する「小さな世界」になりつつある。この状況で「生きやすい世界」をつくるために必要なのは、文化本質主義ではなく、むしろ多文化主義つまり多様な文化の共存・混淆を認めることであろう。つまり、特定の文化に特徴的な傾向があることを認めた上で、それのみを強調するのではなく、文化内には歴史的にも社会的にも多様性つまり幅があるという視点を維持する必要があると考えられるのである。そうすることで、「イスラームは暴力的な教えであり、ムスリムは皆、好戦的だ」との断定が現実的にあてはまらないことに意識が向いていくのではないだろうか。

このことは、ノーベル賞経済学賞も受賞したアマルティア・セン（一九三三年生）の言う文化の定義にも通じる。それによれば文化は、人間の生活や行動、思考、ひいては帰属意識つまりアイデンティティに大きな影響を及ぼすが、「中心的で容赦なく完全に独立した決定要因」ではない、つまり、人間はそれだけにアイデンティティを依拠させているわけではない。なぜならば、（一）文化はその内部に多様性を含み、（二）時代とともに変化し、（三）文化以外にも階級や人種、性別、職業なども強い影響力をもち、（四）他の文化とも影響しあうためである。つまり可動性・可変性の高い、柔軟なものなのである。そしてさらにセンは、文化を不変的なものととらえ、一つの特定の文化のみにアイデンティティを依存させることで、暴力が生じる可能性が高まるとしている。つまり、文化の可動性・柔軟性を認識し、アイデンティティの帰属先を一元化させないことで、暴力を解決することができると主張しているのである。(50)

確かにクルアーンは、イスラーム文化の根幹だと言うことができるだろう。しかし本稿で概観してきたように、時代に応じてその解釈は多様に展開し続けてきた。それはムスリム思想の柔軟性と今後への可能性を示すものである。例えば、シリアで生まれフランスで活躍する詩人のアドニス（一九三〇年生）は、クルアーンの「新しい読み方、つまり自由かつ突き詰めた読み方」の必要性を説き、ムスリムのアイデンティティをイスラームと切り離すことさえも主張している。(51)

保守層に批判されながらも、新しい価値観に基づくクルアーン解釈が数多く生み出されるようになった。今、その知的営為をどう認識していくのか。これは、日本人がどのように（異）文化を見ることができるのかを試す、一つの試金石なのかもしれない。

注

（1）中田考監修、中田香織・下村佳州紀訳『日亜対訳　クルアーン』作品社、二〇一四年、水谷周監訳著・杉本恭一郎訳補完『クルアーン　やさしい和訳』国書刊行会、二〇一九年、『聖クルアーン　日亜対訳注解』ファハド国王マディーナ・クルアーン印刷コンプレックス、ヒジュラ暦一四四〇年（西暦二〇一九年）。かつ、一九五〇年に刊行された大川周明訳が復刊されている。大川周明訳『文語訳　古蘭』（上下）書肆心水、二〇一〇年。

また翻訳史については次を参照のこと。本書所収の水谷周「クルアーン和訳と日本のイスラーム」、アブ・バクル森本武夫「聖クラーン日訳の歴史(一)—(三)(補遺)」『アッサラーム』六、七、九、一〇号、一九七六—七八年、大川玲子「日本人とクルアーン」、『聖典「クルアーン」の思想　イスラームの世界観』講談社、二〇〇四年、後藤絵美「日本におけるクルアーン翻訳の展開」、松山洋平編『クルアーン入門』作品社、二〇一八年。

（2）Farid Esack, *The Qur'ān: A Beginner's Guide* (Oxford: Oneworld, 2009), pp. 2-10. もしくは、大川玲子『クルアーン　神の言葉を誰が聞くのか』慶應義塾大学出版会、二〇一八年、五—七頁を参照のこと。

（3）ここでは紙幅の都合で詳細は述べられないため、次の文献などを参照されたい。大川玲子『イスラームにおける運命と啓示　クルアーン解釈書に見られる「天の書」概念をめぐって』晃洋書房、二〇〇九年、同『イスラーム化する世界　グローバリゼーション時代の宗教』平凡社［平凡社新書］、二〇一三年、同「ビント・シャーティウ（アーイシャ・アブドッラフマーン）のクルアーン解釈　カイロ大学と人文学」『国際学研究』五三号、二〇一八年、一—一八頁、同『クルアーン　神の言葉を誰が聞くのか』、松山洋平編『クルアーン入門』第Ⅲ部「クルアーン解釈の方法」。

（4）Al-Ṭabarī, *Tafsīr al-Ṭabarī* (*Jāmi' al-Bayān fī al-Ta'wīl al-Bayān*), 13 vols., Beirut: Dār al-Kutub al-'Ilmīya, 1999.

（5）Ibn Kathīr, *Tafsīr al-Qur'ān al-'Aẓīm*, 4 vols., Damascus: Dār al-Fayḥā, 1998.

（6）ジャラール・アル＝ディーン・アル＝マハッリー、ジャラール・アル＝ディーン・アル＝スユーティー『タフスィール・アル＝ジャラーライン（ジャラーラインのクルアーン注釈）』中田香織訳・中田考監訳、日本サウディアラビア協会、二〇〇二—二〇〇六年。

（7）大川玲子『チャムパ王国とイスラーム　カンボジアにおける離散民のアイデンティティ』平凡社、二〇一七年、一六四—一六五頁。

（8） Jalāl al-Dīn al-Suyūṭī, *al-Durr al-Manthūr fi'l-Tafsīr bi'l-Ma'thūr,* 6 vols., Beirut: Dār al-Kutub al-'Ilmīya, 2000.

（9） Fakhr al-Dīn al-Rāzī, *al-Tafsīr al-Kabīr,* 11 vols., Beirut: Dār Iḥyā' al-Turāth al-'Arabī, 1997.

（10） Rashīd Riḍā and Muḥammad 'Abduh, *Tafsīr al-Qur'ān al-'Aẓīm al-ma'rūf bi-Tafsīr al-Manār,* 12 vols. Beirut: Dār Iḥyā al-Turāth al-'Arabī, 2002.

（11） 例えば次の文献を参照のこと。J. J. G. Jansen, *The Interpretation of the Koran in Modern Egypt,* Leiden: E. J. Brill, 1974.

（12） 次の文献を参照のこと。Majid Daneshgar, *Ṭanṭāwī Jawharī and the Qur'ān: Tafsīr and Social Concerns in the Twentieth Century,* London and New York: Routledge, 2017.

（13） 最初の女性解釈者は、イランのヌスラト・アミン・ハヌム（一九八三年没）とされる。

（14） 'Ā'isha 'Abd al-Raḥmān（Bint al-Shāṭi'）, *al-Tafsīr Bayānī li'l-Qur'ān al-Karīm,* vol. 1（7nd ed.）, vol. 2（5nd ed.）, Cairo: Dār al-Ma'ārif, 1990.

（15） 本名アーイシャ・アブド・アル＝ラフマーン。詳細は、大川玲子「ビント・シャーティウ（アーイシャ・アブドゥッラフマーン）のクルアーン解釈」を参照のこと。

（16） Sayyid Quṭb, *Fī Ẓilāl Al-Qur'ān,* 6 vols., Cairo: Dār al-Shurūq, 1996.

（17） 例えば以下を参照のこと。Olivier Carre（Carol Artigues, trans., W. Shepard, revised）, *Mysticism and Politics: A Critical Reading of Fī Ẓilāl al-Qur'ān by Sayyid Qutb（1906-1966）*, Leiden: Brill, 2003.

（18） Maulana Abul Kalam Azad（Syed Abdul Latif, ed. and rendered into English）, *The Tarjumān al-Qur'ān,* 3 vols., New Delhi: Kitab Bhavan, 1990.

（19） 次の文献を参照されたい。須永恵美子『現代パキスタンの形成と変容　イスラーム復興とウルドゥー語文化』ナカニシヤ出版、二〇一四年。

（20） Abul A'lā Maudūdī（Ch. Muhammad Akbar and A. A. Kamal, trans.）, *The Meaning of the Qur'ān,* 6 vols., Lahore: Islamic Publications, 2007; Sayyid Abul A'lā Mawdūdī（Zafar Ishaq Ansari, trans.）, *Towards Understanding the Qur'ān: Abridges Version of Tafhīm al-Qur'ān,* Leicester: Islamic Foundation, 2007.

(21) Moulana Wahiduddin Khan, trans. (Farida Khanam, ed.), *The Quran, English Translation, Commentary and Parallel Arabic Text,* New Delhi: Goodword Books, 2016.

(22) 大川玲子「アメリカ人『フェミニストの模索』アミナ・ワドゥード」、『イスラーム化する世界　グローバリゼーション時代の宗教』平凡社、二〇一三年を参照のこと。

(23) Amina Wadud, *Qur'an and Woman: Rereading the Sacred Text from a Woman's Perspective,* Oxford: Oneworld, 1999.

(24) 大川玲子「アパルトヘイト解決への道　ファリド・イサク」、『イスラーム化する世界』を参照のこと。

(25) Farid Esack, *Qur'ān, Liberation & Pluralism: An Islamic Perspective of Interreligious Solidarity against Oppression,* Oxford: Oneworld, 1997.

(26) Suha Taji-Farouki, "An Islamist *Tafsīr* in English: *The Ascendant Qur'an* by Muhammad al-'Asi (b. 1951)", in Suha Taji-Farouki, ed. *The Qur'an and its Readers Worldwide: Contemporary Commentaries and Translations* (Oxford: Oxford University Press, 2015), pp. 377-472.

(27) Muḥammad Ḥ. al-'Āṣī, *The Ascendent Qur'an: Realigning Man to the Divine Power Culture,* Toronto: Institute of Contemporary Islamic Thought, 2008-.

(28) Khan, trans., *The Quran,* p. 289.

(29) al-'Āṣī, *The Ascendent Qur'an,* vol. 9, pp. 324-328.

(30) Esack, *Qur'ān, Liberation & Pluralism,* pp. 87, 170-171.

(31) Wadud, *Qur'an and Woman,* pp. 36-37.

(32) Khan, trans., *The Quran,* p. 1542.

(33) al-'Āṣī, *The Ascendent Qur'an,* vol. 2, pp. 32-46.

(34) 西久美子「〝宗教的なもの〟にひかれる日本人～ＩＳＳＰ国際比較調査（宗教）から～」『放送研究と調査』（May 2009）、六六―八一頁。http://www.nhk.or.jp/bunken/summary/research/report/2009_05/090505.pdf（二〇一九年三月一〇日アクセス）。

(35) 太宰治「HUMAN LOST」『太宰治全集三』Kindle 版。

(36) 久保田暁一『日本の作家とキリスト教　二十人の作家の軌跡』朝文社、一九九二年、二〇三頁。
(37) 同右、二三三頁。
(38) 中里介山『大菩薩峠』筑摩書房、一九九九年。
(39) 国立国会図書館デジタルコレクション（http://dl.ndl.go.jp/）で見ることができる。
(40) 世界聖典刊行会編、改造社、一九二〇年。
(41) 坂本蠡舟『麻謌末』博文館、一八九九年。
(42) 例えば以下のウェブサイトで全巻を入手できる。https://www.holybooks.com/the-sacred-books-of-the-east-all-50-volumes/
(43) 吉村作治『日本人の知らない　コーランの奇蹟　四億人を支配するムハンマドの預言書』経済界、一九八三年。同『聖戦の教典コーランの秘密　中東の明日を左右するアラブの大義とは』ベストセラーズ、一九九一年。
(44) 吉村作治『聖戦の教典コーランの秘密』、一四頁。
(45) 同右、一五頁。
(46) 田中四郎『コーランは生きている　アラブの秘典とマホメット』地産出版、一九七五年、二頁。
(47) 三田了一訳『日亜対訳・注解　聖クルアーン』日本ムスリム協会、一九七二年、改定版一九八二年。
(48) 井筒俊彦の著作は慶応義塾大学出版会より『井筒俊彦全集』（全一二巻と別巻）や『井筒俊彦英文著作翻訳コレクション』（全七巻）として刊行され、その重要性は衰えていないと言えるだろう。
(49) 馬渕仁『「異文化理解」のディスコース　文化本質主義の落とし穴』京都大学学術出版会、二〇〇二年、五五頁。
(50) アマルティア・セン『アイデンティティと暴力　運命は幻想である』大門毅監訳・東郷えりか訳、勁草書房、二〇一一年、一五八―一六〇頁。
(51) アドニス『暴力とイスラーム　政治・女性・詩人』フーリア・アブドゥルアヒド聞き手、片岡幸彦監訳、伊藤直子・井形美代子・斎藤かぐみ・大林薫訳、エディション・エフ、二〇一七年、一六二頁。

［著者略歴］

大川玲子（おおかわ　れいこ）

東京大学文学部イスラム学科卒業、エジプト留学を経て、ロンドン大学東洋アフリカ研究学院（ＳＯＡＳ）より修士号取得、東京大学大学院人文社会系研究科イスラム学科より博士号取得。明治学院大学国際学部教授。博士（文学）。専門はイスラーム学、特にクルアーン解釈史。著書に、『イスラーム化する世界　グローバリゼーション時代の宗教』平凡社、二〇一三年、『チャムパ王国とイスラーム　カンボジアにおける離散民のアイデンティティ』平凡社、二〇一七年、『クルアーン　神の言葉を誰が聞くのか』慶応義塾大学出版会、二〇一八年など。

イスラーモフォビアに立ち向かう

塩尻和子

筆者はイスラーム（Islām）については原語に近い「イスラーム」の表記を採用するが、参考文献などを引用する際には、その文献の表記をそのまま引用するために「イスラム」という表記が採用されることをお断りする。なお「クルアーン」の記述は『日亜対訳注解聖クルアーン』（日本ムスリム協会）から引用した。

一　「水鳥」の訴え

イスラーム地域に関して、歴史的に考えてみると、この地域の後進性や貧困、政治的混乱が問題視されるようになったのは、オスマン帝国の滅亡以降のことである。また特に中小の戦闘的集団による過激な攻撃や内紛が多発するようになったのは一九四八年のイスラエル共国の成立に端を発し、二〇〇一年にアメリカで発生した同時多発テロと、それを契機として勃発した二〇〇三年からのアメリカを中心とした有志連合によるイラク戦争で拡大し過激化したものである。

これらの民族紛争や内紛の背後には、現代社会のさまざまな政治的要因や、深刻な経済的混乱が横たわっており、これらの混乱や紛争の原因を短絡的にイスラームの教義や戒律によるものと主張することはできない。しかし、西洋キリスト教世界の文化を普遍的であると称賛し、それと比較してイスラームを劣等な宗教文化とみる人々の間では、イスラームは非人間的で反社会的なカルト集団であるかのような扱いを受けている。このような問題は日本でも例外ではない。日本のイスラーモフォビア（イスラームに対する嫌悪感）も西洋に負けず、深刻な問題を含んでいる。

二〇一九年四月二一日、スリランカでイスラーム教徒による連続爆破テロが発生し、復活祭の礼拝のために教会に集まっていた人々を中心に二五三人もの犠牲者がでた。スリランカ政府はその翌日に国内のイスラーム過激派組織が関与したとの見方を示したが、二三日にはいわゆる「イスラーム国」（ＩＳ）が犯行声明を発出した。多くの犠牲者を出したこの事件は「イスラーム国」の関与がなければ起きなかったとも考えられるが、スリランカ国内のイスラーム過激派組織内の権力闘争も疑われている。

スリランカでは二〇〇九年まで仏教徒とヒンドゥー教徒との間で激しい内戦が続いていた。総人口の約一割しかいない少数派のイスラーム教徒は仏教徒が中心の政府軍に組み込まれてきたためにヒンドゥー教徒側から敵視されることもあったと言われている。まだこのテロ事件の詳細には不明な点も多いが、イスラーム教徒の犯行である点が、世界中から不安視される要因ともなっている。たとえ集団内部の権力闘争によるものであったとしても、イスラーム教徒によるテロ事件は、宗教としての「イスラーム」そのものに要因があると判断されがちである。

一般に主義主張とは無関係の人命が失われることが多いテロ事件は、世界中でどの宗教の信徒でも起こす可能性がある犯罪であり、イスラーム教徒だから起こすのだ、という短絡的な理解は、テロの解決には決してつながらない。

日本ではまだイスラーム教徒、ムスリム人口が少なく、日本に伝えられるイスラームに関する情報の多くは、欧米のメディアを通してもたらされるものであり、その中にはイスラームとムスリムに対する偏見や蔑視、無理解などを含んでいるものが少なくない。このような欧米からの情報によって増幅されたイスラームに対する偏見と嫌悪感「イスラーモフォビア」は、今日の日本人にも大きな影響を与えている。

例えば、一九九一年一月に始まった湾岸戦争の際に、海岸に設置された石油タンクが破壊されて、大量の重油がペルシア湾に流れ出たことがあった。この重油にまみれて真っ黒になった水鳥の写真が世界各地の新聞に大きく掲載されて、イラク軍の無謀ぶりが喧伝された。当時、イラクのサッダーム・フサイン大統領に対して、異常なほど残虐な政治家であるという認識が世界中に行き渡っていたので、この水鳥の写真は反イラク感情を定着させるには極めて効果的であった。これについて、当時の朝日新聞の「天声人語」には「イスラームには自然を保護する意図はないので、重油を海に流しても平気なのだ」という意味の文章が掲載され、イスラームの思想は人間中心なので人間が勝手に自然を破壊しても問題はないのだといった批判の筆陣をはっていたことを思い出す。しかし、湾岸戦争が終わって、この重油流出は実際にはアメリカ軍が撃ったミサイルが原因だったことが明らかとなり、この報道が間違っていたことがわかったのちも、朝日新聞が訂正記事を掲載したとは私の記憶にはない。

思いがけないことに、二〇一九年一月七日に宝島社がその朝日新聞に二面通しの広告を出して、この衝撃的な水鳥の写真を掲載した。[1] その広告に大書されたキャプションは「嘘つきは戦争の始まり」であった。掲載されていた広告文は「嘘に慣れるな、嘘を止めろ、今年、嘘をやっつけろ」という文章で閉じられていた。政治も経済も、そして社会でも、嘘や虚偽が蔓延している今の日本に対する一種の警告を意図したものと、私は受け止めているが、「油まみれの水鳥」から教えられることは、やはりイスラーモフォビアの危険性である。

二　イスラーモフォビアの諸相

最近の別の事例を挙げれば、二〇一五年一月にフランスの週刊誌シャルリー・エブド社で起きたテロ事件はムスリムの犯人たちによって記者ら一二人が殺害されるという悲惨な結果となった。この事件については「イスラームはあらゆる偶像作成を禁止している」ことが原因であるとされ、「表現の自由」は、いつ、いかなる場合であっても守られなければならない金科玉条であるとして、世界中にイスラーム批判が広がった。

シャルリー・エブド社の過去の誌面には、他の宗教の指導者や政治家などの風刺画も見られるが、預言者ムハンマドを描いたものは、誰よりも不道徳で醜悪な姿に描かれていた。民衆の不満を風刺画に託す伝統を持つフランスであっても、特定の人物を批判するために描かれる風刺画は、少なくとも人間としての尊厳が守られたものであってしかるべきであろう。テロは決して許されるものではないが、多くの信徒から篤く尊敬される預言者が性的に不潔で、見るに堪えないほど不道徳的な姿に描かれることは、ムスリムでなくても目を背けたくなる。(2)

そもそもイスラームは肖像画の作成を禁止していない。禁止されているのは、絵画や像を「崇拝する」こと、つまり偶像崇拝であり、イスラームの教えの原点であるクルアーン（コーラン）には、どこにも「絵を描いたり像を作成したりしてはならない」とは記載されていない。イスラーム世界ではモスクやマドラサ（高等宗教教育機関）などの宗教的施設では絵画も像も用いられないが、王宮や個人の住宅などでは絵画や肖像画が飾られ、歴史書などにはムハンマドの顔や姿も描かれてきたのである。(3)

欧米のメディアからの受け売りによるこのような偏見だけでなく、日本人研究者の中にも、声高に非論理的なイスラーム批判を繰り返すことで高い知名度を得ている識者もあり、そういった意見が「分かりにくいイスラームについて、とてもわかりやすい解説である」として世間的にもてはやされる風潮も根強い。日本も欧米に負けずイスラーモフォビアが蔓延している国の一つであるということができよう。

イスラーム政治思想の専門家である池内恵はキリスト教社会とイスラーム社会を比較して、キリスト教社会は普遍的な価値観をもっており寛容で平和的であり、イスラーム社会は後進的で野蛮であると主張する論客であるが、以下の発言でもイスラーモフォビアを煽っている。

西欧が自由と平等を掲げる以上、イスラム教にも様々な権利を与えるべきだと考える人は多いでしょう。では、そのイスラム教は西欧のような自由を認めているでしょうか。イスラム社会で他の宗教を信じることが許されますか。

イスラム教の教義が主張しているのは、正しい宗教、つまりイスラム教を信じる『自由』です。（「朝日新聞」オピニオン&フォーラム、二〇一六年一〇月二一日）

池内が主張するように、すべてではないにしても現在のイスラーム社会には多くの抑圧があり、それぞれの地域や国家における宗教法の解釈によっては、人権無視となる点も多々あることを、否定はできない(4)。しかし、同時に近代の西欧が「自由と平等を掲げて」いるとしても、それは名目上のことにすぎず、今日の西洋社会が文字通り自由で平等であるとは言い難い。今や、難民の排斥やムスリム女性のベール問題だけでなく、多くのキリスト教徒やユダヤ教徒にとっても、貧富の差や男女格差、学歴差、宗派間の対立、武器や麻薬の放置、犯罪の多発などの深刻な問題を抱える西洋社会が、今日もなお普遍的な価値を持っており、自由で平等であるとは、短絡的には言えない。たしかにイスラームの教義では多神教や偶像崇拝が否定されており、中東地域でイスラームを国教と定めている国々に限定すれば、多神教で偶像崇拝だとみなされる仏教の寺院建設は許可されていない。

特に厳格な教義を掲げる国や地域、例えば、ターリバーン政権が支配していた時代のアフガニスタンなどでは、多神教徒だけでなく、啓典の民とされるユダヤ教徒もキリスト教徒も抑圧されていた。しかし、その他の地域では、ムスリムが多数を占める社会であっても、現実に仏教徒やヒンドゥー教徒が排斥されているとは限らない。昨今では逆にミャンマーやインドの政策に見られるようにムスリムの一部が国外に追放されたり抑圧されたりする深刻な事態が生じている。

いっぽう、人口統計学者のエマニュエル・トッドはイスラーモフォビアがイスラーム教徒の若者を過激派の戦士として送り出す要因となっているとその危険性に言及している。

理解すべきは、仮に一部の若者が「意味」に飢え、「宗教的なもの」に飢えているとすればイスラム教を罪あるものとして標的にするのは、その若者たちにイスラム教を現実からの理想的な脱出口のように見せるだけだ、ということである（トッド『シャルリとは誰か？』堀茂樹訳、文藝春秋［文春新書］、二〇一六年、二八二頁）

しかも、フランスの内務大臣の発言によれば、イスラーム過激派を志願する若者のうちの二〇%はキリスト教徒出身者である（トッド、前掲書二四六頁）という。「自由と平等」があるはずのヨーロッパでキリスト教徒の若者まで「意味」に飢えているということは、何を意味するのであろうか。少なくとも今日の西洋がキリスト教徒の若者にとっても「自由と平等」の地ではなくなっていることを示しているように思われる。

三　ＩＳ（「イスラーム国」）の論理は正しいか？

「イスラーム国」の系列通信社アーマク社は、二〇一九年四月二一日、スリランカで発生したイスラーム教徒による連続爆破テロが「イスラーム国」の「カリフ」の命令によって引き起こされたものであるという犯行声明を発出した。二〇一四年六月にカリフ制を宣言して国家体制を固めた過激派集団の「イスラーム国」は、アル・カーイダの一派であったが、この派を結成したヨルダン出身のザルカーウィ（一九六六―二〇〇六）がシーア派に対して激しい敵意をもっており、そのためにアル・カーイダから離脱したと言われている。アル・カーイダはアメリカを主要な敵とみなす反米・反欧のテロ集団であり、イスラームを敵視する「外部からの」政策に対抗していたが、ザルカーウィは、むしろ「反シーア派」を中心として同じイスラーム教徒を対象とする「内側へ向かう」戦術を主張していた。このグループは、早くも二〇〇六年一〇月ころに周辺の過激派を統合して「イラク・イスラーム国」を名乗り、国家体制を固め始めたが、当初の活動には目立ったものはなく、イラク国内での支持者も減少していたので、欧米はこれに注目していなかった。

しかし、シリア内戦によって息を吹き返した「イラク・イスラーム国」はシリアを加えて「イラクとシャーム（シリアのこと）のイスラーム国」と名乗るようになったが、二〇一四年六月にバグダーディをカリフとして擁立し、正式に「イスラーム国」の建国を宣言した。さらに日本人二名を人質として拘束し、のちに殺害するという、これまでに類をみない残虐性をあらわにした。世界中から多くの若者を集めて勢力を伸ばし、一時期はイラク北部からシリアにかけて実際に国家を樹立するのではないかと思われたが、やがてイラク軍やシリアの民兵組織に追い詰められて、二〇一九年三月にはシリア東部の最後の拠点バグズも失うことになって、組織は壊滅したと報じられた。

しかし、「イスラーム国」は国家樹立が失敗に帰したとしても、その危険性がなくなったわけではない。二〇一一年の民衆蜂起後の内政が安定しないリビアに多数の兵士が集結して「イスラーム国リビア州」を形成していると言われており、また、逃亡して密かに自国に戻ったとされる多数の外国人戦闘員によって、スリランカの事件のように、世界各地でさまざまな形のテロ事件が発生する可能性が高くなっていると憂慮されている。

そのような状況下で出版された『イスラム教の論理』（飯山陽、新潮社〔新潮新書〕、二〇一八年）は、イスラーム法の専門家と自称する著者によって書かれたもので、本書のテーマは「「イスラム国」のイスラム教解釈は間違っていない」というものである。著者は「イスラーム国」の思想は、「イスラームの論理そのものである」として、「なぜなら、イスラム国が掲げる理想は、世界に一八億人いるイスラム教徒全員にとって理想だからです。」（飯山、四頁）と述べ、ムスリムであれば、誰でも「イスラーム国」の政治姿勢に反対はできない、と強調している。

しかし、そうであれば、イラクやシリアを中心とする周辺の国々による軍事攻撃や国際社会からの反発によって壊滅させせられるのではなく、信仰熱心な多くの信徒に支えられて、「イスラーム国」は現在も健在で、カリフを擁する真のイスラーム国家を目指して活動を継続しているはずではなかったのか?

日本は言論の自由が守られている国である。私たちの発言にも著作にも、特定の人物を虚偽の事案で誹謗中傷することがない限り、何を書いても話しても刑法上の罪には問われない。しかし、ある思想や体制に関する発言や著作が、学術的に検討しても正確とは言えない短絡的な判断に基づいて、著作され発表されて世に広まることに対しては、その批判対象がなにであれ、憂慮せざるを得ない。

この著作は、すでに多くのビジネスマンやキリスト教研究者たちから、「これこそイスラームの真実の姿だ」「なぜ「イスラーム国」があれほど残虐な行動をとるのか理解できなかったが、やっとわかってすっきりした」として評価されている。しかし、その内容にはイスラーム法学上からもイスラーム神学上からも、多くの誤解や判断ミスが見られる。シャリーア（啓示であるクルアーンとハディース）の教義と実定法であるイスラーム法学（フィクフ）の議論が混同されたまま、極端な解釈に走っているからである。

松山洋平は『オリエント』の書評のなかで、以下のように批判している。

第一の問題点は、著者がイスラム法学の諸理論について正確な理解を欠いていることである——これは本書の基盤に関わる重大な問題点と言える。イスラム法の論理に依拠して議論を進めるという本書の方針は、当然ながら、イスラム法学にまつわる本書の記述が正しく、正確であることで初めて実現する。しかし、残念なことに、著者がイスラム法の論理に言及する多くの部分に、理解が誤っている部分や不正確な表現を見出すこと

ができる。（「書評」七四―七八頁、『オリエント』二〇一八、六一―一、オリエント学会）

また、四戸潤弥も、「著者がＩＳの主張であるとした論理の根拠はＩＳ独自のものであり、『クルアーン』によるものではない」と断言し、「著者は『クルアーン』の章句を正確に吟味さえしていない」と批判している。(5)

四　イスラーム法学からみた不正確な理解

イスラーム法学から見て正確ではないと思われる個所を説明するために、この著作の帯に掲げられている極めて扇情的な宣伝文句について、以下で説明をする。

①「イスラム国」のイスラム教解釈は間違っていない

この著作は全体を通して、ムスリムの最大の義務は「ジハード」だとして、精神的修養を指す「大ジハード」には根拠がないと否定し、ムスリムはすべて世界征服を目指して戦闘的ジハードを行うために生きている、と断定している。これがこの著作の主要テーマでもある。本来のジハードとは異教徒の攻撃からの自衛に限定される戦闘行為を指すが、その戦闘としてのジハードにも多くの制限が決められている。しかし、著者が主張する「ジハード」は戦闘・テロ・自爆を含めたあらゆる過激行為を指している。著者は、クルアーンにもハディースにも、どこにも宗教的修行を意味する「大ジハード」という文言はなく、「でっち上げ」だと断言するが（一二二頁）、「大ジハード」の思想はスーフィズムによって発展したものである。(6) しかも、イスラームの啓示に関する解釈にも、イスラーム法学にもその規定を考察する実定法にも、大本山制度のないイスラームでは無数の解釈があり、著者が主張する解釈は、ほんの一部に過ぎないことには触れていない。

②インターネットで増殖する「正しい」イスラム教徒

現代では、インターネットに過激思想があふれていることは認められるが、上記のように、何が「正しいのか」を決定する機関は大本山制度を持たないイスラームにはなく、ネットに掲載される思想にも、過激な扇動から穏健なものまで、実に多種多様な広範囲な意見があることを考慮していない。

③人口増加でイスラム教徒を増やす「ベイビー・ジハード」

イスラームでは、結婚をして子孫を育て、信仰を次世代へつなぐことは信徒の義務とされているが、それをジハードと解釈するムスリムはどの程度いるのか、かなり無理な理論である。「産めよ増えよ地に満ちよ」はヘブライ語聖書（旧約聖書）の思想であり、人間社会の繁栄のために、ある意味ではすべての宗教に見られる思想である。

④「地元のゴロツキ」が自爆テロに走るのは「洗脳されたから」ではない

宗教に熱心ではなかった若者が改心をして修行や出家に生きがいを見つけるという現象は「二度生まれ型」ともいわれ、あらゆる宗教に見られる現象である。その際にムスリムの若者の場合は、生まれながらの宗教に戻るので、洗脳されたというわけではないが、クルアーンが教える天国の存在を固く信じるようになり、自爆テロや殉教に走るようになる、と言われる。しかし、来世思想は全ての宗教にあるが、クルアーンは殉教を勧めてはいない。さらに彼らは殉教をすれば天国で七二人の花嫁を貰えるなどという言葉に誘惑されているという考えは（一三四頁）、ムスリムの若者を侮蔑するものである。(7)

⑤娼婦は認めないが女奴隷とはセックスし放題

奴隷制度が実施されていた時代でも、神は奴隷を人間として扱うようにと命じている。ハディース集、『日訳サヒーフ・ムスリム』（日本サウジアラビア協会、第一巻一一三頁）には「女奴隷を所有する者が、彼女に十分な食事を与え、よく面倒をみ、教養を身につけさせ、立派な作法を教え、自由の身にしてやり、その女と結婚したならば、その者に対しても二重の報償が下される」と書かれているように、女奴隷を人間的に扱うべきであると教えられている。また奴隷を殺した者は自由人であっても殺人罪に問われることもある。「セックスし放題」は、イスラームでは、まさに禁止事項である。

奴隷の規定に関しては、戦争捕虜との関連で考えるべきであり、そもそもイスラームは当初から奴隷を認めているとは言えない。四戸は「クルアーンによれば、戦争捕虜については、無償解放が第一とされ、身代金による解放が第二という優先順位で、当事者に選択権を与えている」と解説しているが、クルアーンにはムスリムたちに、戦争奴隷を丁寧に扱うように、明確な選択肢を与えている章句が多くみられる。その一つを紹介する。

「あなたがたが不信心な者と（戦場で）まみえる時は、（かれらの）首を打ち切れ。かれらの多くを殺すまで（戦い）、（捕虜には）縄をしっかりかけなさい。その後は戦いが終るまで情けを施して放すか、または身代金を取るなりせよ。」（クルアーン、四七章四節）

⑥レイプの被害者は「姦通」でむち打ちされる

現在でも、一部の地域によっては正当な裁判が行われないところもあるが、イスラームを国教とする国では、信徒のレイプ被害が明らかであれば、被害者が姦通罪に問われてむち打ちの刑を受けることはない。著者は「イスラム法においてはレイプも姦通とみなされる」（二六一頁）としているが、松山は、イスラーム法においては性交渉を強制されたことが証明された被害者は姦通罪の刑罰は受けない、として、これに反論している（松山、七六頁）。

⑦手首切断も石打ち刑も世論の大半が支持

イスラームの実定法で、決定的な刑罰としてその量刑が変えられないとされている厳罰の「ハッド刑」[8]による刑罰を指すが、窃盗に対する手首切断は、現在ではおもにサウジアラビアで執行されている。また姦通罪の石打ち刑は四人の目撃証人が必要で立証が困難であり、サウジアラビアでも執行されることは極めてまれである。ムスリムが、聖法として決定されているハッド刑の規定を信じていることは、信徒の立場としては不思議なことではない。ハッド刑は、前近代ではイスラーム圏で広く執行されていたが、現代では近代的刑法との齟齬をきたすことが多く、サウジアラビア以外では、殆ど執行されていない。

このように、『イスラムの論理』には、一瞥するだけでも、多くの間違いや判断ミスがみられる。しかも著者は「イスラム国が掲げる理想は、世界に一八億人いるイスラム教徒全員にとって理想だからです。」（飯山、四頁）と断言している。

しかし、二〇一五年のpewresearch[9]によれば、イスラーム国への反対感情は、レバノン一〇〇%、ヨルダン九四%、ナイジェリア六六%、マレーシア六四%、セネガル六〇%、パキスタン二八%（ただし六二%が「知らない」と回答）、トルコ七三%、インドネシア七九%である。これに対して、著者は「イスラーム国」に好意的であると回答した人が「ナイジェリアでは一四%、マレーシアとセネガルでは一一%、パキスタンでは九%、トルコでは八%、インドネシアでは六%となっている」とし、「人数に直せば六〇〇〇万人以上の支持者がいる」（飯山、三七―三八頁）と賛成者数が多いことを強調している。

たしかに六〇〇〇万人という数値は侮れないが、現在、世界で二〇億人に近い信徒数を擁する宗教にとって、六〇〇〇万人という数値は「イスラム教徒全員にとって理想だから」というには、やはり少ないと考えるべきであろう。

結論から言えば、二〇一五年の統計でさえも、「イスラーム国」への支持者数は圧倒的に少数派であり、彼らの残虐性が明らかになり、その勢力が激減して壊滅状態となった二〇一八年から二〇一九年の統計がでるなら、さらに支持者数は減少していると思われる。したがって、イスラーム国の理想はイスラーム教徒全員の理想だとする主張は正しいとは言えない上に、根拠もない。

五　ジハードの義務

『イスラム教の論理』のテーマともなっている「ジハードの義務」についても検討する。この著書では、ジハードを実行する相手は、「不信仰者であれば……身近にいる一般市民でよいのです」と説明している（一二八―一二九頁）。実際に「イスラーム国」は彼らと同じイスラーム教徒であっても、宗派が異なっていたり、彼らの支配に従わなかったりした人々を不信仰者として攻撃し多数のムスリを殺害してきた。それでも「イスラーム国」の主張は「正しい」とされるのだろうか？

ここで「ジハード」に関する古典的な見解を紹介する。

「（ジハードは）あくまでイスラームのためであること、戦う相手が異教徒であること、という二つの条件を満たして初めてジハードと呼ばれる資格が生じます。……イスラーム法に従うならば、ジハードとは異教徒の攻撃からの自衛に限定される戦闘行為だからです」（中田考『イスラーム、生と死と聖戦』、集英社［集英社新書］、二〇一

五年二月、二八頁）

郷土防衛のジハードは原則的にはムスリムに許された唯一の戦争というかたちを持つが、この「戦い」は、当初から定義づけが難しかったことも事実である。クルアーンの「あなたがたに戦いを挑む者があれば、神の道のために戦え。だが侵略的であってはならない。本当に神は侵略者を愛さない。」（二章一九〇節）という言葉に従って、古典的なイスラーム法の規定では、郷土防衛のジハードについて以下のような規定が決められていた。(10)

①ムスリムの領土に外部から異教徒が侵攻してくる場合に限られること

②カリフの指揮のもと、全ムスリムが一致して参戦すること

③一般市民や婦女子などの非戦闘員やキリスト教の修道士や僧侶、ユダヤ教のラビなどの宗教者に危害を加えないこと

歴代の権力者による政治的覇権事業は、それぞれの歴史的状況によっては、ムスリム同士でも激しい戦闘が行われたが、これらは政治的覇権戦争であり、郷土防衛戦争を指すジハードとは区別される。しかも、上記のような厳格な条件を満たした郷土防衛の正当なジハードは、ムハンマドの死後の歴史上、実施されたことは、一度もない。そこで規定を読み替えて、「カリフの命令がなくても」という判断が生じ、国家や集団が安易にジハードを宣言する事態が生じてきたことも歴史的事実である。

さらに飯山は「人間には本当のことは分からず真実は神だけがご存知、というのがイスラム教の大原則であり、解釈が複数存在する場合にどの解釈を採用するかは個人の選択に委ねられています」と言いながら、その数行あと

には、「コーランに立脚してさえいれば、そこから導かれる解釈がたとえ敵意をあおり戦争をけしかけるような過激なものであっても「正しい」というのがイスラム教の教義です」（飯山、一七頁）と矛盾する判断を述べている。そして、著作の全体では「イスラム教徒はイスラム法のみに従わなければならない。主権は神に存するとされ、人間には立法も法の廃止・改正も禁じられる。」という主張が全体に繰り返されている。

これに対して、四戸潤弥はクルアーンとハディースに代表される啓示は厳格に順守しなければならないが、法判断については、時と場合に応じて、信徒たちの自由裁量が認められているという立場から以下のように述べている。

「イスラーム法は信徒の聖俗生活の全てに対応する法体系となった。

同時に、現実には、反対解釈によって信徒たちの自由裁量の領域が確保され、いつの時代にも対応できる法体系として機能していくことになったのである。つまり、イスラームにおいては、信徒たちにも法判断についての自由裁量の道が開かれているのである。イスラーム法は、厳格で保守的な印象を与えるが、実際には、法判断の最後の決定権は、一般信徒にあるという点を保障していることを忘れてはならない。」（四戸潤弥「宣教の書としての『クルアーン』とイスラーム法解釈法の構造」『変革期イスラーム社会の宗教と紛争』明石書店、二〇一六年、九〇頁）

最近の日本では、イスラームについての関心は、二〇一一年に北アフリカを中心に発生した「アラブの民衆蜂起」で最高潮に達し、いわゆる「イスラーム国」の暴挙がニュースで伝えられるようになっても、興味や関心は継続された。いい意味でも悪い意味でも、これらの事態や事件が日本人の知識欲を掻き立てたのかもしれない。東京ジャーミィなどのモスクへの見学者があふれるようになり、ラマダーン月のイフタールの食事会なども盛んに催された。これらの行事に参加した一般の人々は、決して「イスラーモフォビア」という意識ではなく、「イスラームをもっと知りたい」という教養としても知識欲から集まってきたと思われる。しかし、「イスラーム国」が弱体化し、イラクで保持していた拠点を次々と失うようになって、大きなニュースバリューを持たなくなった途端に、人々のイスラームに対する学習意欲は下火になったように思われる。

その間隙を縫うように、飯山の著作のような、一面的で不正確な個人的な見解に基づいて、あたかも正確なイスラーム法の真実を明らかにするかのような宣伝文句を帯びて出版された著作が巷間、持て囃されるということには、日本のイスラーム理解の進展を阻むことにつながるという危機感を持つべきであろう。

多くの場合、イスラームにはテロや内紛といった否定的な印象が付き纏うが、これはイスラームだけの問題ではない。イスラーモフォビアを避け、客観的なイスラーム理解を進めるうえで必要な比較宗教の要点と、どの宗教にも潜在的にみられる宗教と暴力の関係を、以下で確認しておきたい。

六　セム系三宗教の共通性(11)

世界の宗教の多くは、本来、理想としてもつ正義や愛の教義は、たんに暴力を排除したり避けたりするだけでなく、むしろ積極的に「平和を作り出す」ことの必要性を教えている。例えば、ユダヤ教、キリスト教、イスラームのセム的三宗教のなかで代表的な教えは、イエスの「山上の垂訓」であろう。マタイによる福音書五章九節（聖書協会共同訳『聖書』日本聖書協会）には「平和を造る人々は、幸いである。その人たちは神の子供と呼ばれる」とある。山上の垂訓はさらに以下のような「究極の愛」を教えている。

あなたがたも聞いているとおり、『目には目を、歯には歯を』と言われている。しかし、わたしは言っておく。悪人に手向かってはならない。誰かがあなたの右の頬を打つなら、左の頬をも向けなさい。（マタイ、五章三八～三九節）

あなたがたも聞いているとおり、『隣人を愛し、敵を憎め』と言われている。しかし、わたしは言っておく。敵を愛し、迫害する者のために祈りなさい。（マタイ、五章四三～四四節）

「目には目を、歯には歯を」という報復罰はメソポタミア一帯に伝統的に存在した戒律であり、ユダヤ教もイスラームもこれを継承している。報復罰は一般には野蛮な罰則規定であると受け取られることもあるが、「目をやられたら、報復は目だけにしなさい」という制限をかけた規定であり、報復行為がそれ以上に拡大しないことを意図していた。この戒律を遵守することは神の意志に従うことであり、それによって社会の平安が保たれる方途でもあるが、イエスはこれらの規範をあえて破るような説教をすることによって、「無償の愛に基づく隣人愛」の本質を教えようとしたのである。

しかし世界史をみれば、究極の隣人愛を掲げるキリスト教も、思想的には現実の歴史社会から一線を画してきた仏教においても、まったく政治的社会的側面にかかわらないでくることはできなかった。霊肉の二元論の立場から精神世界を社会的世界より上位に据えたはずのキリスト教においては、皮肉なことに、事態はいっそう「政治的」となり、歴史の過程で最も多くの戦争を引き起こすことになった。西暦三九二年にキリスト教がローマ帝国の国教として公認されてからは、歴史社会の中心として「教会」があらゆる過酷な営為に参加してきたということは、西洋史を紐解けばすぐに明らかになる。

三大世界宗教の一つであるイスラームの教義では、現実社会の執着から逃れてひとり魂の救済を求めるような思想も、敵でさえも愛せよという、実現不可能な究極の愛の精神をも、教えられはしなかった。むしろ、現実社会のただ中にあって日常生活を営み、政治参加をすることにおいて、神に従うことが求められた。イスラームでは、信者はみな過酷な歴史社会と直面しながら生きることそのものが、教義であった。この点ではイスラームはユダヤ教と似ている。現在では、ユダヤ教徒がそのまま民族として「イスラエルびと」、つまりユダヤ人であるということは言えないものの、宗教学的にはユダヤ教は「民族宗教」の一つとして分類される。イスラエルの神によって選ばれたイスラエル民族が、約束の聖地イスラエルを求めて民族の興亡史に深くかかわることが宗教の根幹であるために、ユダヤ教もまた過酷な歴史社会と直面してきた。

そういう意味では、ユダヤ教の「イスラエル」に象徴される選民思想は、イスラームではあらゆる人間に要求される普遍的な選民思想に置き換えられる。神の唯一性とムハンマドの預言者性を認める人間は、国籍、人種、社会階層などを問われず、イスラームの「選民」を形成する。イスラームではこれを信者の共同体「ウンマ」と呼ぶのである(12)。

イスラームにおける魂の救済は「ウンマ」に所属することによって実現される。人間はウンマの成員となり、歴史社会をウンマと共に生き抜くことによって、来世で楽園に入ることができる。社会から脱出することによってでもなく、実現不可能な高度な理想に殉じることによってでもなく、現実社会のなかで神の指針に従って人間としての自然な生を生きることこそが、イスラームの教えの根幹なのである。

ユダヤ教の「イスラエル」、キリスト教の「教会」、イスラームの「ウンマ」は、いずれもそれぞれの信徒の意識が収斂していく宗教の中心点でもある。これらの中心点の役割こそが、宗教史の要点でもあり、将来へむけて平和を作り出す責任ある母体ともなる。

七　宗教と民族紛争(13)

世界宗教として歴史を生き延びてきた宗教は、平和を作り出すものとしてだけでなく、「魂の救済装置」として意味があるとみなされてきた。宗教が現実に魂の救済装置としての役割のみをもつものであるとすれば、問題はないであろう。どの宗教もそれぞれの救済装置の中では、平穏で平和的であるが、イスラームもまたイスラームという枠内では「平和の宗教」である。崇高な理想を標榜する仏教やキリスト教と比べると、イスラームは極めて実際的な救済装置をもっているということができる。しかもイスラームの救済装置は極めて現実的で実現可能な装置でもある。大方の読者の予想を覆す見解かもしれないが、イスラームでは、他の世界宗教に比べて、宗教的な「平和」の実現がたやすいということができよう。

一般に、イスラーム世界は、一四〇〇年にわたって常に混乱しており戦乱下の不穏な社会であったという印象が強いが、これは最近の研究によっても、歴史的にみても正確なものではない。実際には、イスラームが発祥してから今日までのイスラーム史を概観すると、政権交代劇や社会の不安定が多くみられたにもかかわらず、ユダヤ教やキリスト教と比較して、戦争や流血の惨事が非常に少なかったことが明らかにされている。今日の泥沼化した紛争や騒乱は、二つの世界大戦によって引き起こされた国際関係に要根深い因があり、特に一九四八年のイスラエル共和国の建国に伴う政治的混乱によって混乱は決定的なものとなっている。今日のイスラームを巡る混乱は、イスラームという宗教の教義や性格によるものではないことを、まず理解しておきたい。

私たちは安易に「暴力には反対だ」などというが、「暴力」と「非暴力」をわけるものはなにかという問いは、じつはきわめて難しい問いである。例えば、一定の条件下では暴力は、その暴力を超える利益があり、その利益が必然的であるとみなされる場合には、必要悪と認められることがある。例えば歴史を通じて、国家間の戦争は、人間が行う暴力のうちでは最大の暴力であり破壊行動であるが、これは「暴力」とはいわれない。現代世界においても、中小の戦闘的集団がテロ活動を行って数人から数十人の市民を殺すことは「暴力」であると考えられるが、国家の正規軍による軍事作戦によって数十万人の人々が犠牲になることは「暴力」とはいわれない。「国家」は国民から支持されている公権力であるという正当性を主張しているからであり、そのために一般に戦争は「暴力行為」とは言われない。しかし、市民の集団が公権力に対抗することは、市民の側では「非暴力」の抵抗運動であるとしても、公権力の側では許されざる「暴力」である。視点を変えれば、発展途上国などで貧困と政治的混乱のために数百万人の幼児が適切な治療を受けることができず、一歳の誕生日さえ迎えられないということも、じつは「暴力」の一つであるが、これついては誰も「暴力」だとは思わない傾向がある。

このようにみていくと、「暴力」とはなにか、という問いについて、私たちは二つの次元をわけて考えることができる。一つは一般的に「暴力」と呼ばれる行為であり、「被害者の意志に反して、明らかな意図をもって、被害者の身体に傷害を加えたり破壊したり、その所有物に被害を与えたりする」ことで、いわば直接的な破壊行為である。いま一つは、「困っている人を意図的に放置し、あるいは無視し、その結果、重大な障害や死がもたらされることになる」というもので、こちらは間接的な破壊行為である。一般的には前者が「暴力」と呼ばれているが、後者もれっきとした「暴力」である。後者は被害者の人権や尊厳を無視し踏みにじるという行為であり、貧困、人種差別、性差別、出自差別、言論弾圧、思想信条差別、などが含まれるであろう。このような考えから、学者のなかには「暴力とは、組織的であれ、形態的であれ、個人的であれ、直接的であれ、間接的であれ、被害者の同意を超える圧倒的な力という手段を用いて被害者にあたえる破壊行動のことである」と定義するものもある。

一般的な「暴力」がこのような定義をもつとしたら、まして、宗教的大義名分を背景にした「暴力」は、その宗教共同体の正義・平和・福利を目的にして行われる修行としての聖なる戦いであり、たんなる「暴力」とは区別して考えられている。

世界のどの宗教も、長い歴史のなかで、一切の暴力とかかわらないできたものはない。たとえ物理的な暴力を行使しなかったとしても、精神的、心理的な暴力にまで範囲を広げるなら、暴力批判から逃れられる宗教などない。しかし、宗教は本来、人々に平和を説き、さまざまな欲望の束縛からの解放方法を教え、与えられた命を穏やかに生きるように諭すものではなかったのか。仏教の「無」や「空」の教えも、キリスト教の「隣人愛」も、イスラームやユダヤ教の「戒律」も、苦しい現実の生を生きる人々に与えられる「魂の救済装置」ではなかったのか。選民思想を基盤とするモーセの十戒でも「人を殺してはならない」と記してある。イスラームの聖典クルアーンでも、人の命の大切さについて、以下のように教えている。

……人を殺した者、地上で悪を働いたという理由もなく人を殺す者は、全人類を殺したのと同じである。人の生命を救う者は、全人類の生命を救ったのと同じである（と定めた）。そしてわが使徒たちは、かれらに明証を齎した。だが、なおかれらの多くは、その後も地上において、非道な行いをしている。（クルアーン五章三二節）

この「人」とはいったい誰を指すのだろう。ユダヤ教では神に選ばれたイスラエルの民だけを指すのかもしれない。実際にユダヤ教の祈祷文には「神よ、イスラエルにだけ平和を与えたまえ」といった内容のものもある。イエスもユダヤ人として生まれユダヤ人として生きた人である。イエスのいう「人の命」はユダヤ人だけに、あるいはイエス後に発展した異邦人伝道を予期して「イエスを信じる人々」だけを意図しているのであろうか。そうであれば、宗教にはそれぞれの宗教の囲い込みが成立しており、その枠外にいる人は「人」として扱われないということになる。枠外にいる人々として、まず思い浮かぶのは異端や魔女、悪魔つきとして排除されてきた人々のことであり、他の宗教を報じる異教徒たちのことである。一つの宗教だけを絶対の真理として扱い、他の宗教思想を異教や邪教として退ける立場からみれば、「人」とは同じ宗教の信者でしかありえない。

「あなたの敵を愛し、自分を迫害する者のために祈りなさい」という究極の愛の理想を教えたキリスト教は、まさに究極の平和を教える宗教であるが、前に触れたように、そのキリスト教が歩んできた歴史はけっして平和的とはいえない。土井健司は『キリスト教を問いなおす』(筑摩書房［ちくま新書］、二〇〇三年)[14]の中で、「キリスト教とキリスト教を信じる者とは必ずしも一致しません。キリスト教の中にはさまざまな考え方があるのです。しかし、いかなる理由からでも積極的に戦争、紛争、暴力を行うことはキリスト教的ではありません」(土井、五六頁)として、キリスト教とキリスト教徒を分けて考えるように勧めている。この考えにはたしかに説得力があるが、しかし、キリスト教徒がいなければキリスト教は存在しないということを考えるなら、宗教的理想と信者の行為とは完全には切り離して議論することができないように思われる。

ある宗教が歴史のなかで生き残っていくためには、その宗教は社会と密接な関係をもっていなければならない。そういう意味では、宗教はいまでも社会の統合理念として潜在的な力を有しているのであり、宗教と暴力の結びつきは、世界のどの宗教にもみられる現象である。しかし、「魂の救済装置」という役割を果たすはずの世界宗教が、歴史上、安易に暴力や戦争とかかわってきた理由は、いかに精神主義を掲げる宗教であっても、宗教そのものが原理としてもっている「社会性」という性質が暴力や戦争に深くかかわっているからである。

こんにち、特にイスラームは暴力や戦争と結びつけて語られやすいが、その理由もここにある。当初から社会性を含んで展開してきたイスラームでは、イスラームとイスラーム教徒ムスリムを分けて考えることは、なおさら難しい。本来的に「社会性」を標榜するイスラームにおいては、事態は深刻になる。

イスラームの好戦性をあげつらう際によく使われる「ジハード」思想は、前述のように、対外的な戦闘を意味しているが、極めて厳しい制約をもった防衛戦争を指すものであった。しかし、どの時代にあっても、どのような形のジハードであっても、ジハードを掲げる集団にとっては、当然のことながら、彼らのジハードは「真正な」ジハードでとなる。この点では、前述の飯山の主張は正しいように見える。

さらに問題を複雑にすることは、原則として教団組織や本山制度をもたないイスラームでは、戦闘的なジハードを「異端的」と決めつける機関は存在しない。新しい案件は、イスラーム共同体ウンマ全体が一致して賛成することによって「正統的」となる、というイスラーム共同体の「イジュマー（全員一致）」の原理を持ち出すなら、現在のテロリスト集団の掲げるジハードは正統的なジハードではない。しかし、ウンマの見解の一致を確認することは、イスラームがまだ小さな集団であった時代でも困難なことであったが、ムスリムの人口が世界中で一六億から二〇億人とまでいわれる今日では、まったく不可能なことである。

歴史的にも現代まで、現実にはウンマの見解の一致は、イスラーム法学者の見解の一致をもって代用されてきたが、それもイスラーム世界全体に普及し受け入れられるようになるまでには長い時間がかかる。今日のようにグローバル化が進展した時代ではインターネットなどの通信手段を駆使して、世界中の情報が一挙に入手できるが、逆に情報が多すぎると真偽の判定が難しくなり、法学者間の速やかな見解の一致が妨げられているようにもみえる。その顕著な例が、イラク戦争後のイラク国内の混乱ぶりや解決の糸口さえ見つからないシリアの内紛であろう。

八　日本人とイスラーム理解

イスラームは日本人にとって最も遠い宗教であるといわれるが、実はイスラームの教えのなかには、日本古来の伝統的な道徳や社会的倫理と同様の教えが多くみられる。例えば長幼の序を守ること、隣人との相互扶助が義務として奨励されること、相手の宗教を問わず旅人に親切にすること、正直な商売を心掛けることなどの倫理規範は、古きよき時代の日本に息づいていた公共道徳を彷彿とさせる。それだけでなく、イスラームの掲げる一神教と、日本の神道にみられる多神教や、仏像という偶像を崇拝する仏教は、その信仰形態において相容れないといわれるが、実際には表現の方法が異なるだけで、同じことを表現していると思われる(15)。

日本人の多くは、第二次世界大戦中の国家神道政策の失敗によって大きな痛手を受けた苦い経験から、宗教そのものに対して一種のアレルギーを持っている。宗教と国家の結びつきによる最悪のケースを経験したことによって、人々は特定の宗教的態度を避けるようになった。公共の教育現場や芸術にさえ、宗教の影は排除される傾向がある。政教分離の優等生であるかのような環境の下にある日本では、神の道に身を捧げるという大義名分のもとに自爆テロを決行するムスリムの若者たちの姿はどのように映るのであろうか。イスラームにおいても、現今の政治的混乱と宗教的教義とは、全く別の次元で考えなければならないが、戦闘的なイスラーム集団によるテロの報道に接する日本人の多くが、イスラームに対する嫌悪感や拒絶意識を持ったとしても、それを単なる誤解だとして非難することは、難しい。中東地域におけるこのような破壊的な暴力行為は、一九四八年のイスラエルの成立に端を発し、二〇〇三年のアメリカを中心とした有志連合によるイラク戦争で拡大し過激化したものである。ムスリムの戦闘員たちは、自らの行為を正当化するためにイスラームの旗を掲げて大義名分を主張しているのである(16)。

しかし、その背景にはイスラーム社会の外側から加えられた政治的圧力に起因する問題が横たわっている。一九二二年のオスマン帝国滅亡以降の世界で、中東イスラーム地域は急速に過去の栄光を失い、欧米列強の植民地や委任統治領として宗主国からの支配下に置かれた。それまで自由に行き来できた広大な領土は、西洋列強によって恣意的な国境線で分割されてしまい、人々の共同体も文化や伝統、言語まで徹底的に分断され、苛烈な搾取や抑圧を受けてきたという屈辱の歴史も横たわっている。その際の苦悩の歴史は、独立以降もいまだに何ら解決を見ないまま、パレスチナ問題をはじめ、イラクやシリアの内戦などが次々と発生して、人々をますます苦しめている。こういった歴史的背景が今日の紛争を引き起こし、継続させていることを忘れてはいけない。イスラーム過激派への対応も、イラクやシリア、リビアなどの内戦や紛争を解決するための道筋も、このような歴史的背景を考慮することから始められなければならない。

ところが、近年、これらの内紛は、国際社会の無謀な「再介入」によって、ますます泥沼化しており、解決の糸口さえ見つからない。これらは中東という遠い地域での紛争であるとして、日本は無関係だなどと深刻な事態を無視することは、グローバル化の時代を生きる私たちには、不遜な考えである。こんにち、日本でも外国からやってきたムスリムの人口が増え続けていることと、日本人の中にも信仰を持つ人が出てきていることによって、イスラームが社会の中でますます身近になってきており、日本人のイスラーム理解の重要性が高まっている。また、日本だけではなく、今日の世界全体を覆う近代主義の行き過ぎによる後退と、それに基づく複雑な政治的かつ経済的な問題がイスラーム蔑視と同一視される危険性を避けるためでもある。

多元化とグローバル化した世界において、イスラームとはなにか、どのような意味をもつのか、どのような役割を果たすのか、どうすればムスリムとの平和的共存が可能となるのか。日本国内でも増えてきたムスリムとともに、これらのイスラームについての諸問題を、私たちは日本人として改めて考えることが必要である。今日、急激に変化する世界においては、それぞれの思想を、偏見を排して客観的に学ぶことは重要なことである。

宗教というものは、哲学や倫理思想も同様であるが、じつにさまざまな解釈ができる。イスラームに限ったことではないが、聖典や戒律は、時として非人間的な解釈をもたらすことがある。イスラームについても、どの解釈が正しい、あるいは正しくないと決めつけることはできない。しかし、宗教としてのイスラームは決して好戦的でも、非人間的な教えでもない。この私の考えは、優れたムスリムの学者たちも主張している立場であり、多くのムスリムの考えにも共通していると思われる。そうでなければ、情報や交流の技術が発達した現在、イスラームの信徒数が激増するという現象は説明がつかないことになる。ムスリムの若者が参加する過激派の問題は確かに深刻であるが、その背景には国際関の根深い要因があり、短絡的に宗教教義の問題に帰することはできない。

私たちは、我が国で陥りがちな一神教と多神教といった枠を作ってしまうことなく、人間としての共通性を基盤として、イスラーム世界と日本との対話を続けていきたい。お互いに良く話し合い、理解しあうことは、効果的な宗教間対話を実施し、グローバル化したこの世界に平和的な共存関係を築き上げるために、極めて重要なことである。

日本ではイスラーム世界との歴史的つながりが薄いために、イスラームは理解しにくい宗教だと思われることが多く、イスラームに関する客観的な知識を持つことは難しいと考えられている。しかし、外国人労働者の受け入れが急速に進む日本では、国際的に不安定要因の増加が懸念される今日であるからこそ、一四〇〇年の歴史を背負い、今日の世界で一八—二〇億人もの信徒を擁する巨大宗教勢力に対する理解と対話が必要な時代はない。

注

（1）https://yamashirokihachi.blogspot.com/2019/01/blog-post_9.html（二〇一九年五月六日確認）。

（2）シャルリー・エブド事件後のフランス政府の対応についてはケヴィン・バレット編『シャルリ・エブド事件を読み解く』板垣雄三監訳・解説、第三書館、二〇一七年に詳しい。

（3）偶像崇拝の禁止と肖像画については、拙稿「偶像崇拝禁止なら肖像画も禁止なのか」『季刊アラブ』二〇一五年春号、一〇—一一頁を参照されたい。

（4）例えば女性差別による女性の命の軽視に関しては、拙稿「第7章　イスラーム・ジェンダー論の行方」『政治化する宗教、宗教化する政治』池澤優責任編集、岩波書店、二〇一八年、一三五頁を参照されたい。

（5）二〇一九年一月二五日、筆者あての電子メールによる。

（6）中田考によれば、宗教的修行を意味する「大ジハード」の思想が、当初から「弱い伝承」（ダイーフ）に組み込まれていたことは事実であるが、スーフィズム・イスラーム学の伝統の中で学問として確立されている以上、大ジハードの優位が間違いとは言い切れないとのことで、ハディース的根拠が極めて弱いのは事実であるとされるが、飯山が主張しているように「でっち上げ」とまでは言えない。https://www.ahlalhdeeth.com/vb/showthread.php?t=227141（二〇一九年五月六日確認）。

（7）例えばクルアーン三七章四八節「またかれらの側には、伏し目がちな大きい目（の乙女）がいる。」、四九節「かの女らは、注意深く守られている卵のよう」などの記述があるが、「七二名の花嫁」といった記述はクルアーンにはない。

（8）正常な成人の信徒に課せられる刑罰で、クルアーンやハディースによって決定され、人間がその量刑を変えることができない身体刑を指す。ハッド刑の対象となる犯罪は、姦通罪、姦通についての中傷罪、飲酒罪、窃盗罪、追い剥ぎ罪であり、神が決定した刑罰として、人間の側では変更することができない。したがって、信徒が賛成したり支持したりすることを問うのは、意味がない。

(9) 二〇一九年五月六日確認、データは二〇一五年のままで新しい調査は発表されていない。

(10) アル・カーイダやいわゆる「イスラーム国」が起こす暴力的戦闘行為は、彼らが宗教を大義名分としていても、まさに政治的権力闘争である。これらの戦闘は宗教とは次元を異にして国際政治の中で論じられるものであり、早急な終息のためには軍事力だけでなく国際的な協力が必要である。イスラームの教義に「ジハード」思想があることを理由として、彼らの暴力を短絡的にイスラームの教義に由来するものであると批判する知識人も多いが、宗教的に定義されている郷土防衛のためのジハードは歴史上、正確な形では一度も実施されたことがない。ジハード論については、拙稿「ジハードとは何か――クルアーンの教義と過激派組織の論理」塩尻和子編著『変革期イスラーム社会の宗教と紛争』明石書店、二〇一六年、三七―六一頁を参照されたい。

(11) 「セム系三宗教の共通性」に関しては、拙著『イスラームを学ぼう』第一〇章「セム系三宗教の比較」一三一―一五四頁に詳細に論じている。

(12) クルアーンでは、人間は地上における「神の代理人（ハリーファ）」として創造されたと記されている。そのため人間は神の導きに従って、この世に道徳的秩序を作る責任を負っている。ここでは、人間は霊的な側面と肉的な側面の双方をもった自然な包括的な存在として認められているので、人間の自然な欲求や社会的活動を卑しいとする考えはみられない。個人と社会とは、はじめから相関関係にあるとみなされており、個人としてムスリムになることは、同時に宗教共同体「ウンマ」の成員となることである。前述のように、イスラームは成立当初から在家の宗教であり「政教一致」的な理想をもっているからである。原則として教団組織をもたないイスラームでは、宗教上の決定権は一般信徒にある。つまり、教会制度や本山制度のないイスラームでは、「ウンマ」自体がイスラーム社会の進路について責任を負うことになる。拙著「イスラームの社会観――ウンマ」『イスラームを学ぼう』、秋山書店、二〇〇七年、六七―七六頁を参照されたい。

(13) 宗教と紛争に関しては、拙著「平和を作り出すために」『イスラームの人間観・世界観』、筑波大学出版会、二〇〇八年、三〇三―三一四頁、同じく拙著「宗教と平和」『イスラームを学ぼう』、秋山書店、二〇〇七年、二一四―二一九頁を参照されたい。

(14) この課題に関しては、石川明人『キリスト教と戦争』中央公論新社［中公新書］、二〇一六年、橋爪大三郎・中田考『一神教と戦争』集英社［集英社新書］、二〇一八年などが示唆に富んでいる。

（15）　日本における一神教と多神教の論争については、拙稿「宗教間対話運動と日本のイスラーム理解」小原克博・勝又悦子編『宗教と対話　多文化共生社会の中で』教文館、二〇一七年、一〇三―一三七頁を参照されたい。また、町田宗鳳は「ダライラマと近代文明」『宗教と現代がわかる本』平凡社、二〇〇八年、七八頁で一神教批判を展開している。若手の仏教学者の中には「信者の信仰実態から遊離している「一神教」と「多神教」というカテゴリーはもはや不要になっているように思われる」という立場も見られる（藤井淳「一神教と多神教の概念再考」『春秋』春秋社、二〇一六年一二月、一―四頁）。

（16）　イラク研究家の酒井啓子は、『9・11後の現代史』（講談社［講談社現代新書］、二〇一八年）で、多くのデータを駆使して、中東や南アジアのイスラーム地域でテロが急増するのは二〇〇三年以降のイラク戦争からであり、それ以前は発生件数が少なかったことを明らかにしている。

［著者略歴］

塩尻和子（しおじり　かずこ）

一九四四年生、岡山県出身。東京大学大学院博士課程単位取得退学、博士（文学、東京大学）。筑波大学にて教授、北アフリカ研究センター長、理事・副学長（国際担当）、東京国際大学にて特命教授、国際交流研究所長を歴任。筑波大学名誉教授。専門分野は、イスラーム思想、比較宗教学、宗教間対話、中東地域研究。『イスラームの生活を知る事典』（共著）、東京堂出版、二〇〇四年、『イスラームを学ぼう』秋山書店、二〇〇七年、『イスラームの人間観・世界観』筑波大学出版会、二〇〇八年、『イスラームを学ぶ――伝統と変化の21世紀』NHK出版、二〇一五年、『変革期イスラーム社会の宗教と紛争』（編著）、明石書店、二〇一六年、『宗教と対話』（共著）、教文館、二〇一七年、など多数。

『クルアーン』をめぐる日本のイスラーム学

四戸潤弥

はじめに

イスラームの聖典『クルアーン』和訳が一九二〇年に出版されて以後、完訳、部分訳、そして解釈書（タフスィール）訳など併せて一三の訳が出版されたことになる。『クルアーン』はアラビア語で啓示されたが、アラビア語を母国語としないムスリムや、『クルアーン』に関心を持つ非ムスリムにとっては自分たちの言語に翻訳されたものが必要である。七世紀初期に、預言者ムハンマドの教友であったペルシャ人スレーマン・ファールスィーによって『クルアーン』第一章がペルシャ語に翻訳されたと伝えられているが、それ以来、イスラーム諸国において『クルアーン』の自国語訳のない国はないのが現状で、またキリスト教世界の西欧の主要言語での翻訳は複数回行われている。

アラビア語以外の『クルアーン』はクルアーンではないと言われるが、それは唯一神アッラーの啓示表現と意味がアラビア語で伝えられたこと、ムスリムの礼拝で『クルアーン』がアラビア語で朗誦されていることなどの理由からであろう。『クルアーン』を中心としたイスラームの学習には自国語への翻訳が必要であるし、またアラビア語を解する非アラブ人ムスリムにあっても、適宜に自国語での比較は自分自身のためにも、自分以外の同胞ムスリムや非ムスリムに『クルアーン』の内容を説明する際にも必要である。

では『クルアーン』の自国語への翻訳がどのようなものであるべきなのかと言えば、解釈書（タフスィール）よりも、『クルアーン』の字義や意味を自国語で理解しやすいようにした訳書の方が良い。

『クルアーン』の解釈書（タフスィール）の発展史を見ると、最初は、ハディース（預言者言行録）や、啓示事由を伝えた預言者ムハンマド（PBUH）の教友たちの伝承を数多く集めたものであった。これらをタフスィール・マァスウールとアラビア語で呼んでいる。マァスウールとは人が通った場所にできる跡、あるいは何かがあった場所に残る跡である。そして遺跡もまた同じであることから、預言者の教友たちが『クルアーン』について語ったことを残された言葉を比喩的に跡と見なして、『クルアーン』解釈書の各啓示に対応するように配して収録され、啓示の解説となっている。それらを読めば、啓示が具体的事件、あるいは誰に向けられた者かが分かり、『クルアーン』の啓示の文脈的理解が可能となるので、誰もが知りたいと思うものである。

また『クルアーン』には、旧約、新約の物語が含まれているため、旧約、新約学の成果を加えた解釈書も生まれ、旧約学の内容はイスラーエリヤートと呼ばれた。ムスリム学者の間で信頼を得てきた八世紀のダマスカス生まれのシリア人学者イブン・カスィールの『クルアーン』解釈書である『タフスィール・イブン・カスィール』“*Tafsir al-Qur'an al-'azim*”には旧約、新約学の資料が含まれている。現代においてイスラーエリヤートを嫌う雰囲気は一九七三年の第四次中東戦争前後に高まり、やがてイスラーム主義潮流のなかで強まっていった。それを受けて、アレッポ生まれのシリア人イスラーム学者で、マッカのウンムル・クラ（マッカの別称）大学教授を務め、ラビタ（世界イスラーム連盟、本部マッカ）顧問だったムハンマド・アリー・アッサーブーニー（Muhammad Ali Al-Sabuni（1930-））は著名な解釈書学者タバリー（八三九–九二三）、クルトビー（一二一四–一二七三）、イブン・カスィール（七〇一–七七四）、ザムフシャリー（一〇七五–一一四四）[1]などの解釈書を基に、それらからイスラーエリヤートを除き、字義、啓示理由、修辞法（比喩、熟語）などを中心とした解釈書『サフワトッ＝タファースィル』[2]を一九八六年に出版した。

一般に『クルアーン』解釈書の内容は前記の他に、啓示にまつわる伝承と、伝承を離れて知性による解釈である言語、アラビア語文法、修辞法を駆使した説明となっている。

さらに、知性による内容理解がなされるようなると啓示にまつわる伝承との対立が生まれた。また知性による内容理解、つまり言語、文法、修辞学、文化的観点から『クルアーン』を読むようになると、解釈書は神学的色彩を帯びるようになり、ますます浩瀚な書となっていった。さらに付随するように『クルアーン』の中の人物事典、動物事典などが出版され、それらは『クルアーン』百科事典となっていく。『クルアーン』をさまざまな角度から知るという姿勢は信仰の強さを表すのだろうか？　それどころか信仰の実践の妨げにならないのだろうかという疑問が生れる。現実生活において、ムスリムが『クルアーン』を利用するのは礼拝における朗誦のため、『クルアーン』の啓示を現実生活の指針として、各自の生活で直面する問題であるハラーム（禁止されたこと）か、あるいはハラール（許されたこと）かを判断することにある。それは唯一神アッラーが禁止されことを行わないことが天国への道だからである。従って、『クルアーン』とは何か、あるいは『クルアーン』を啓示された唯一神の実体とは何か、あるいは『クルアーン』を唯一神アッラーの御許から伝えた預言者ムハンマド（ＰＢＵＨ）とはだれか？　イスラームとは何かを模索し始めると『クルアーン』からのテクストから離れていくので、伝統的イスラーム学者はそこに危険性を感じていた。解釈書タバリーが『クルアーン』の中で、ムスリムが知りえることと、知りえないことを線引きしたのはその対策の一つである。ムスリムの多くは、『クルアーン』を実生活の指針、つまりハラームかどうかの判断の根拠となる「導き」としたのだから、『クルアーン』から離れていく「自立する唯一神アッラー」などと真正面から考察しようとはしない。生活の指針としての、あるいは「導き」としての『クルアーン』とは直接関係のないことである。結論的に言えば、『クルアーン』の訳としては、字義と内容を自国語で理解できるものが最良であるということになる。

本稿はそうした立場から、『クルアーン』を実生活の「導き」とし、その「導き」に基づいて実生活の問題を判断するというムスリムの視点から『クルアーン』を論じていく。

また「導き」として『クルアーン』を読む方法論を法理学から説明する。それは字義と内容が明らかにされた各国語訳が、啓示事由に縛られることなく、地域と時代を越えて読まれてきたことを明らかにすることでもある。『クルアーン』をあらゆる角度から知ることと、信仰の指針とすることとは同じではない。

本稿の終わりで、「導き」の『クルアーン』からいったん離れ、『クルアーン』を唯一神アッラーの御許から伝えた預言者ムハンマド（PBUH）がマッカのクライシュ族にもたらしたもの、つまり彼らに対して行った宣教、「イスラーム信仰への招待」におけるイスラームとは何かを『クルアーン』を通じて論じている。

一　導きとしての『クルアーン』

『クルアーン』はムスリム（イスラーム教徒）の現世における神の導きの書[3]として現在に至っているが、『クルアーン』は一神教系譜宗教の最期の啓示で、アラブ民族に啓示されたものである。そしてイスラームは一神教系譜の最後の啓示宗教で、その歴史は一五〇〇年余、信徒数は一七億人余である。普遍宗教でありながら、部族主義、あるいは民族主義、地域主義と調和する宗教であることに特徴[4]がある。聖職者、あるいは聖職者集団不在が第一の要因として作用し、普遍的宗教価値を共有しながら、イスラームを受容した民族の伝統、教えなどと葛藤を生まない構造を保障している。『クルアーン』は唯一神アッラーの現世における御言葉として、イスラーム教徒たちの生活の指針として承継された。ここに、『クルアーン』を中心に展開されてきた神と信徒の関係性の起源と発展が内包される契機となったことになる。

二　導きの書としての『クルアーン』訳について

『クルアーン』という啓示は伝える対象者たちが常に想定されていた。したがって、その内容は預言者ムハンマド（PBUH）の宣教対象者たちと深い関係を有している。最初はマッカのクライシュ族、つまり預言者ムハンマド（PBUH）の民たちである。次にマッカの迫害を逃れ、マディーナに移住し、そこにイスラーム共同体（信仰共同体）が形成されると、宣教の対象にイスラームに入信したマディーナの民たちが加わった。イスラームに入信したアラブ部族と、その周辺に居住していたユダヤ部族たちも宣教対象であったが、ユダヤ部族はムハンマド（PBUH）を預言者、かつ使徒として認めなかった。『クルアーン』はムスリム（イスラーム教徒）たちの「導き」の書となっていく過程で、啓示対象者たちとの個別的関係性に加えて、地域と時代を超えた普遍的な「導き」の書となっていく。ムスリムたちにとって最後の審判の日に至るまでの「導き」の書となっていく。この事情は『クラーン』の理解が啓示対象者たちとの具体的関係性、つまり「文脈」による文理解釈だけではなく、法規定としての解釈も許されることになったことを示している。そこでまず初めに、啓示対象者たちとの関係を簡単に記すことにする。

1　啓示の対象者たち

（一）一神教を歪曲したクライシュ族

『クルアーン』は当初、一神教を歪曲したマッカのクライシュ族に対して、正しい一神教へ戻るようにとのメッセージを伝えていた。正しい道、正しい宗教へ戻ることは、イスラームへの招待の受容と入信を意味していた。それ故に、宣教においては、一神教がいかに正しいかを言うのではなく、歪曲とは何かをテーマに啓示が伝えられた。歪曲とは何か。シルクである。シルクとはアラビア語で、その意味は唯一神アッラーに係累を想定並位して、共に崇拝することである。八百万の神とか、ギリシャの神々とかとは違い、唯一神の存在を認め信仰しながら、その唯一神に同位の存在を置いて信仰することである。

後の構造的理解でも述べるが、ムスリムの信仰告白であるシャハーダタイニ（信仰告白の二文言）は、「私はアッラー以外に神はいない、そしてムハンマド（PBUH）は（アッラー）の使徒であると証言する。」であることからも、イスラームの到来理由が同位崇拝・信仰の歪曲是正であったことが推定できる。預言者ムハンマド（PBUH）の宣教任務が唯一神信仰宣教だけなら「私はアッラーが唯一神であると証言する」で十分である。二重否定を用いる理由を理解しなければならない。二重否定の信仰告白が同位崇拝（シルク）の否定であることは言語的理解から十分納得がいくのである。したがってムハンマド（PBUH）が使徒として派遣された理由、あるいは目的は一神教信仰を歪曲したシルク（同位崇拝信仰）の一掃であり、二重否定の信仰告白文言は派遣理由と対応していると言えるだろう。(5)

また『クルアーン』には旧約、新約の預言者、使徒が言及されている。一神教の系譜としてイスラームを表すと共に、正しい一神教について旧約、新約の故事を引用しながら説明されている。

(二) イスラームを受容した人々の導きとしての『クルアーン』

ムハンマド（PBUH）は西暦六二二年頃、マッカの迫害を逃れマディーナに移住する。移住は準備され、彼はアッラーからの移住の命令を待っていたとされる。現実において、ムハンマド（PBUH）はマッカで商業を営むことが不可能な状態に追い込まれていた。それは商業・交易を営むには保証人（カフィール）が必要であったが、保証人であった叔父アブー＝ターリブ（五四九―六一九）が世を去り、妻のハディージャ（五五五―六一九）が亡くなったからだ。ムハンマド（PBUH）は新しい土地ヤスリブ（マディーナの旧名）に移住したが、そこはナツメヤシ栽培や牧畜業を主とした農業経済の世界であった。彼を招待し、支援したヤスリブのアラブ部族ハズラジュ族とアウス族はイスラームに入信しアンサーリーと呼ばれるようになった。だがヤスリブにはユダヤ部族バヌー・カイヌーカ（Banu Qaynuqa）、バヌッナズィール（Banu Nadir）、バヌー・クライザ（Banu Qurayza）などが先住しており、生活産業が商業・交易経済でない産業を異にするムハンマド（PBUH）ら移住者たち（アンサーリー）と対立を深めていったと言える。こうしたことから生活における導きは農業経済の慣習を取り入れ、イスラームという一神教がこうした農業経済に対応した導きとなっていった。商業・交易経済のマッカに啓示された『クルアーン』はヤスリブの農業経済社会と、商業・交易経済のマッカの社会との調和を模索していく。

マディーナとなったヤスリブの啓示が生活全般、いわゆる世俗的内容になっていく理由の一つは、新しく加わったヤスリブが農業経済社会であり、その調整が必要であったことである。

（三）預言者の時代にも認められていた「自己の個人的意見」

マディーナ移住以後の啓示は、明らかに地域、時代を越えた法としての「導き」が多くなっていく。具体的事案に対して啓示されたことが啓示事由として伝承されてはいるが、啓示を預かる預言者ムハンマド（PBUH）が側にいない場合の対応の中で、『クルアーン』を法としての「導き」とする必要が生じた。サハーバ（教友）のムアーズ・ビン・ジャバル（Muadh Ibn Jabal 603-639：マディーナのハズラジュ族出身でアンサーリー、ムハンマドの生存中に『クルアーン』編纂に参画、ムハンマド死後、シリアに遠征、同地で没した）のイエメン派遣に際してのムハンマド（PBUH）と彼のやりとりがある。ムハンマド（PBUH）は、イエメンで人々の争いを裁くことになるムアーズに問いかける。

何に基づいてイエメンの人々を「裁く」のかと、ムアーズは神の書（『クルアーン』）によってと答える、ムハンマド（PBUH）は神の書に「導き」に見いだせなかったらと問う。ムアーズは預言者ムハンマドのスンナ（模範）によってと答える。さらにムハンマド（PBUH）は問う。そこにも「導き」が見いだせなかったならと問いかける。するとムアーズはイジティハードと答える。神の書とムハンマド（PBUH）の「導き」を学んだ彼は、その中で努力（イジティハード）すると答えたのである。そこでムハンマド（PBUH）はムアーズを祝福する。

これは、必ずしも神の書とムハンマド（PBUH）のスンナに「導き」があるとは限らないことを示し、ムスリムの努力が許されていることを示している。法として「導き」が『クルアーン』や預言者ムハンマド（PBUH）の言行に見いだせない場合、法が存在しないということ、そしてムスリムの自己判断が可能であることを示している。これを「自己の法的意見（ラーイ）」と呼ぶ。自己の法的意見の条件は『クルアーン』や預言者ムハンマド（PBUH）のスンナに対する知識を前提としているという点で恣意的判断に制限を加えている。(6)

（四）啓示のなき時代への移行

ムハンマド（PBUH）が六三二年に逝去すると、『クルアーン』による啓示は途絶え、ムハンマド（PBUH）の言行において新しい事案に対する判断も不可能となった。「導き（フダー）」は啓示による具体的判断だったが、それがなくなってしまった。ムスリムたちは、それまでの『クルアーン』の啓示や、預言者の記録された言行を具体的「導き（フダー）」として認め、そこにない新しい事案に対する判断も含めた法判断を導きだす方法とそのプロセスを定式化していく。これがイスラーム法理学における「法源論」である。イジティハードは認められていた。そこで恣意性を抑えるために法源論は必要であった。この時点から具体的啓示としての「導き」が途絶えた後の『クルアーン』の理解の仕方が定式化されていった。『クルアーン』の導きは、啓示理由の関係性を越えて指針としての法となっていく。法の性格を獲得していく過程で、『クルアーン』は啓示事由の具体的事情と関係づけながらの文脈によって解釈されるばかりでなく、普遍的性格、つまり法的性格を獲得したが故に、『クルアーン』の啓示は、啓示が言語として表したものと示唆したものまで含んでいくようになる。『クルアーン』の理解には法学的思考と論理、つまり法理学的読みが必要となっていく。

三　『クルアーン』の理解

1　『クルアーン』訳に課された役割

『クルアーン』は歴史的文脈でもなく、啓示事由の枠に縛られることなく読まれていることは預言者の時代から決定づけられていた。『クルアーン』訳がどのようなものであることが望ましいかを考えれば、読んで分かる『クルアーン』、つまり言語コミュニケーションとして文意が伝わるものが望ましい。啓示事由や神学的考究を含むものではなく、また記されている事柄の詳しい説明も必要ないだろう。ムスリムが生活のなかの現実に照らし合わせ、指針として、その時、その場所に最も適当な読みをすればよい。『クルアーン』の「易きを求め、困難を求めない」はその場、その場での最適適用の原則を示唆している。

「アッラーはあなたがたに易きを求め、困難を求めない。」（『クルアーン』二：一八五）

2　『クルアーン』をあらゆる角度から読むことの意味

『クルアーン』の解釈書は、一．読んで意味が分かる字句の説明、二．啓示事由、三．預言者のハディースによる説明、四．『クルアーン』で言及されている新約、旧約の物語や預言者、使徒たちの解説、五．『クルアーン』に言及されている動植物の解説など注釈と言われるものがあるとすれば、また一方で、神の存在と属性を『クルアーン』の啓示文言を駆使して考究するイスラーム神学論議などがあり、それを反映して地域、時代の具体的状況の中で浩瀚な解釈書が書かれてきた。それらは知的成果であるが、一般ムスリムに広く受けれられたのは『タフスィール・ジャラレーン』のように、『クルアーン』そのものを読んで難しいと感じた時に、できるだけ簡単な解説を加えてくれるものである。ムスリムの生活における『導き』としては、直面する現実があるのだから、それに対応した『クルアーン』の章句が見出されることが良い解説である。『クルアーン』の中に、ジハードとか、あるいは改革思想を見出すなど特定の目的を前提として『クルアーン』を利用するのは『導き』としての指針とすることとは違うように思われる。そうした事情から日本においても『クルアーン』学は和訳から始まると言える。次に、これまでの日本語の『クルアーン』訳について見ていく。

四　『クルアーン』の日本語訳、および解釈書

1　『クルアーン』テキストの解釈訳と『クルアーン』タフスィール訳

日本における『クルアーン』解釈訳はイスラーム学の出発点である。それはこれまで述べたように、地域、時代を超えた「導き」として必要であるからであり、実生活のなかでその地域、その時代、そして具体的事案に最も相応しい「導き」としていく上で、あらゆる解説を含めた解説書は必ずしも必要でない。意味が通り、分かる『クルアーン』であることが求められる。解釈書よりも和訳が優先される。日本では『クルアーン』の全訳が九回、部分

訳が二回、解釈書訳が二回なされた。そして解釈書訳の内一つは公開進行中である。この内、筆者が成立事情を体験的に知っているのはオマル三田訳と、小林淳訳、中田香解説書訳、拓殖大学イスラーム研究所解釈書訳の四冊、第一資料収集と取材を通じて知っているはアフマド有賀訳の一冊である。

これまでの日本語訳を一覧すると次の通りである。

(1)坂本健一『世界聖典全集：コーラン經（上 第十四卷・下 第十五卷）回々教』一九二〇年。

(2)高橋五郎・有賀阿馬土『聖香蘭経：イスラム経典』聖香蘭経刊行会、一九三八年。

ジョン・M・ロッドウェルの啓示類推順で『クルアーン』原典の配列とは異なっている。アフマド有賀は当時の著名な翻訳家で大学教授であった高橋五郎に翻訳を依頼し、自己のノートで校正と修正を行い、最終的に版権を買い取って出版した。このノート三〇冊余りを筆者は預かり保管している。

(3)大川周明『古蘭』岩崎書店、一九五〇年。

東京都の松沢病院に入院中に訳している。進捗状況は大川周明顕彰会編集『大川周明日記』岩崎学術出版社、一九八六年に記されている。

(4)井筒俊彦『コーラン』岩波書店、一九五七年。

研究者たちの間で引用訳として広く利用されているが、現在の岩波文庫版と『井筒俊彦著作集7　コーラン』中央公論社、一九九二年には昭和三二年の岩波文庫版にない章句ミスが追加されている。第九章「改悛」の章の冒頭を見ると、二〇〇六年岩波文庫版五八刷二五〇頁と一九九二年中公版二三五頁では、「慈悲ふかく慈愛あまねきアッラーの御名において」となっている。これらの章句は原典には存在しないものである。

また井筒訳（一）付解説でマリアにハールーンの妹よと呼び掛けているのはムハンマドの混同と指摘しているが、

アラビア語の通称用法では間違いに当たらない。

(5)藤本勝次・伴康哉・池田修『コーラン』一九七〇年。
同書前半のイスラームと近代イスラーム世界の絵と写真入り解説はムスリムたちから問題視されたこともある。

(6)オマル・三田了一『聖クルアーン　日亜対訳・注解』日訳クラーン刊行会（一九七二年初版絶版、一九八二年改訂版）。訳がアラビア語日本語併記であったが、アラビア語の部分の貼付けにミスがあったためラピタ（世界イスラーム連盟）は絶版を指示し、日本ムスリム協会は故飯森嘉助拓大教授、徳増日本ムスリム協会会長らが中心となって訳のチェックを行い出版した。またインデックスの基になったのは次の書である。

Abdullah Yusuf Ali（1872-1953）（1934, 1st ed.）*'The Holy Quran-English Translation of the Meaning and Commentary"*

(7)中村満次郎『コーランの世界』栄光出版社、一九七四年。
示年代順配列、各章毎の哲学的解説（著者によると）。藤本勝次・伴康哉・池田修『コーラン』訳を使用している。

(8)モハマッド・オウェース・小林淳訳『聖クルアーン』イスラーム・インターナショナル・パブリケーションズ（マスメディア・ムスリム・センター名古屋）、一九八八年。
小林淳氏は早稲田大学卒の小説家で、パキスタンで異端とされた「アフマディア」グループと深い親交を持った。解釈訳の底本となったのは次の書である。

Muhammad Ali（1874-1951）（1917）*"The Holy Quran: Arabic text with English translation and Commentary"*

(9)澤田達一『聖クルアーン』啓示翻訳文化研究所、二〇一三年。シーア派の解釈書訳である。

(10)中田考・中田香織・下村佳州紀・黎明イスラーム学術・文化振興会『日亜対訳　クルアーン――「付」訳解と正

統十読誦注解』、二〇一四年。

ジャラレーン解釈書の直訳ではない。説明には聖書学による解説も含まれている。

部分解釈訳については、

⑾アリ・安倍治夫『日・亜・英対訳 聖クルアーン』（第一章、第七八―一一四章）、一九八二年。

第一章と『クルアーン』第三〇部（ジュズ・アンマ）の訳がある。同氏は消費者運動で活躍したこともある弁護士であった。

⑿解釈書訳『クルアーン』（第一章〜第一六章一二八節）、タフスィール研究会報告、『シャリーア研究』第四号―第一三号、拓殖大学イスラーム研究所、二〇〇七―二〇一六年。

底本は次の通りであるが、同書は他に中縮刷版、簡易版が夫々あり、重複を嫌うのであれば中縮刷版が便利である。

Dr. Professor Sheikh Wahbah Mustafa al-Zuhayli（1932-2015）"Tafsiir al-Muneer（"The Enlightened Exegesis" an exegesis of the Qur'an" 17 volumes（アラビア語版）

同研究所は同書を底本とし、二〇〇六年からの拓殖大学イスラーム研究所公開タフスィール研究会成果として同研究所紀要に継続収録している。同研究会の発表・解説担当者たちは、中東のアズハル大学（カイロ、エジプト）、ウンムル・クラ大学（マッカ、サウジアラビア）、イマーム・サウード大学（リヤド、サウジアラビア）、カタール大学（ドーハ、カタール）などの卒業生である。

⒀水谷周監訳著、杉本恭一郎訳補完『クルアーン――やさしい和訳――』国書刊行会、二〇一九年。

2　日本における『クルアーン』の読み方

明治、大正の時代において、『クルアーン』は世界宗教の教典、そしてムハンマド（ＰＢＵＨ）は傑出した歴史的人物として見られていた。これは西欧のイスラームに対する認識と立場とは大きく異なっている。ヨーハン・フェック『アラブ・イスラーム研究誌——二〇世紀初頭までのヨーロッパにおける——』(7)の注には五十名余のアラブ・イスラーム研究者の略伝が記されている。彼らの研究、学問の発展が、イスラーム教の聖典『クルアーン』から始まり、アラビア語学と原本、写本収集を中心に展開してきたことが記述されている。記載された初期の研究者たちは『クルアーン』の内容を知るために翻訳作業へと、そしてその前提としてアラビア語習得を試みている。彼らは誤ってイスラーム教徒になってしまった人たちをキリスト教へと戻そうとするという、現代の我々には想像できないような遠大な計画を抱いている。イスラーム教徒たちをキリスト教の教えから逸脱した分派、あるいは異端として認識しているようである。一九世紀後半のアラビア語研究状況が説明されているが、西欧のイスラームに対する立場はおおよそ理解可能である。一神教としての共通性を持ちながら間違った宗教という立場である。したがって、学問的には『クルアーン』の内容の批判的研究、内容の誤謬の発見と指摘という立場が潜在的に存在することになる。日本人たちにはそのような観点はなく、世界的宗教であること、ムハンマド（ＰＢＵＨ）は歴史上の偉大な傑物であるといったものである。そこには西欧のイスラームに対する価値観や先入観は存在しない。それを裏付けるものの一つとして、明治から大正時代の法学者で東京帝国大学教授を務めた穂積陳重（一八五五—一九二六）の遺稿を子息である重遠がまとめ出版した『続法窓夜話』(8)所収の「コーランの威徳」と題するエッセイがある。クルアーンを槍先に結びつけ、ムハンマド（ＰＢＵＨ）の従兄弟で娘婿のアリーの軍に突入したウマイヤ軍が勝利した話が引用され、討論で旗色が悪くなると学生が大家の名前を出し、出された学生の方は大家の名前に恐れをなして舌峰を緩めてしまう、彼らは全て法律家に不適としている。聖典『クルアーン』を威徳の文脈で用いている、これが西欧であれば、『クルアーン』を敵をやっつける手段のレベルでしか引用しないだろう。また日本では聖地「マッカ」を「〜のメッカ」との意味で、「本場」や「本格的中心」あるいは「正真正銘の中心地」という意味で用いられてきた。

3　『クルアーン』の訳者たちと『クルアーン』

『クルアーン』の訳者坂本は、二巻の訳書の最後に、ムハンマド伝を加えて、彼を偉大な宗教傑物として描いている。『クルアーン』の訳者大川周明もまた、ムハンマドに関する記述があるが、同時に彼にはアジアのイスラーム勢力という視点があり、近代アジアの傑物を描いた『亜細亜建設者』（第一書房、一九四一年）を表している。そこにはイスラーム教徒、非イスラーム教徒の区別も、アラブ人非アラブ人の区別なく、アジアの傑物伝がまとめられている。近代トルコの国父ケマル・アタチェルク伝と、近代イラン国王レザー・シャー伝が掲載されている。またサウジアラビア建国者アブドル・アズィーズ・ビン・アブドッ・ラフマーン・ビン・ファイサル・アール・サウードをアラビア神国建設者として位置付けている。大川は大学で宗教学を専攻し、そこからアジアと西欧との国際政治・外交へと研究を発展させた。

また『クルアーン』の共訳者で、ムスリムであったアフマド有賀のムハンマド伝は、年代記を詠いあげるかのように書かれ、預言者ムハンマドに対する尊敬が満ち溢れていて、それは歴史的傑物、あるいは英雄譚などの叙述形式とは違っている。

『クルアーン』の訳者井筒俊彦の場合は、批判的研究者のそれで、訳本には『クルアーン』の間違いが注釈のように指摘されている。その一方で彼のムハンマド伝の文体は縦横無尽に青春の情熱にあふれた文体である。井筒俊彦は英独仏露、アラビア語など多国語に通じていた。彼の本来の気質には学者的方法論があるかのようでいて、若い人の恋愛についての仏語共訳、『ロシア的人間』に見られる思想分析での青春の情熱的感情への依拠など、何かを一挙に飛び越えるような学者ではないような文体を持っている。いろいろな文体が使える学者の枠に捉われない思想家の文体と言えるのではないだろうか。また研究対象分野も広く、ロシア思想、禅、道教、仏教と縦横無尽である。西欧、そしてロシア革命以後のロシア的な情念への関心、西欧での仏教へ関心の高まりに対応した仏教への関心など日本の知識人の関心を先取りするかのようで、言語能力がそれを可能にしたと言える。

『クルアーン』の訳者三田了一はムスリムであったが、彼はムハンマド伝より、ムハンマドの教友たちへの関心が強かったようで、それは彼の『サハーバ（教友）物語』としてまとめられた。文体には筆が走るようなことがない。その分だけ彼のイスラーム観は捉えにくくなっている。

『クルアーン』の訳者小林淳一は、パキスタンのアフマディア・グループと深い関係を持ち、同団体の要請で翻訳を仕上げた。彼は早大卒業で、小説集を出版している。定年後、パキスタンのペシャワールなどに居を移していた時期もある。アフマディア・グループは現在、名古屋に支部を持ち、モスクも運営している。本国パキスタンにおいては異端とされるグループである。アフマディア・グループの起源はミールザー・グラーム・アフマド（一八三五―一九〇八）という人物が神の啓示を受けたことに始まる。彼への啓示は預言者ムハンマド（PBUH）とほぼ同じ年齢の四一歳とされる。それが本当の啓示であったのか、そう期待したのかは明らかでない。ムハンマド（PBUH）の後にメシアであるアフマドなる人物が現れるというムスリムの間で広く伝わっていた伝承を体現し、それを根本思想としたのがアフマディア・グループである。そしてイスラーム教義はスンナ派（正統派）とほぼ同じである。このイスラーム伝説の一つは、イエスが、私の後に、アフマド、あるいはムハンマドと呼ばれる預言者が現れるとの言葉を残したとされるイスラーム伝説と重ね合わされるものである。

日本人の伝統的なイスラームに対する態度は西欧のような同じ一神教としての教義上の対立がない。このため、日本における『クルアーン』は宗教的関心や教養の一つとして読まれてきた。信仰の書としての『クルアーン』の訳はムスリムであったアフマド有賀や三田了一、そして二〇一九年の水谷周・杉本恭一郎各氏の訳である。

4　日本語訳の検討

日本語の『クルアーン』訳、あるいは解釈訳は言語、字義的説明を主とするものと、内容理解を促進するものとに分かれるが実際は前者がほとんどで、内容理解を促進するものは中田考等訳と、井筒訳、そしてアフマディア・グループの小林訳とシーア派の立場を反映する沢田訳であろう。拓殖大学イスラーム研究所のタフスィール訳は現代における著名なシリア人イスラーム学者であるワフバ・ズヘイリーの『タフスィール・ムニール』を底本にしたもので、現代イスラーム世界の伝統的解釈書訳である。筆者は、「導き」とするいう観点から言語、字義的説明を主とするものが好ましいと考えている。言語的解釈を深めていくことには警戒心が働く。「導き」の恣意的理解を避けるためにイスラーム法理学の知識が必要と考えている。

五　『クルアーン』とイスラーム法理学

1　イスラーム法理学と『クルアーン』

『クルアーン』は地域、時代を越えて読まれるもの、啓示事由に制約されることはないと論じてきたが、その場合、恣意的な読み方の問題が生じてくる。イスラーム法理学の目的は、『クルアーン』から現実の直面する問題に対応する「導き」を引き出すための、『クルアーン』との対応と手続きを学問的に保障することである。日本語訳の『クルアーン』を読む場合、日本人ムスリムが恣意的な読み方を避け、「導き」として生活の指針とするために法理学の知識を踏まえた読みを学ぶ必要がある。

2 『クルアーン』をめぐる法源の整理[9]

イスラーム法理学での『クルアーン』やハディースに基づく現実生活での法判断を導きだす方法を次に説明する。

(一) 類 推[10]

「自己の法的意見（ラーイ）」としてムアーズ・ビン・ジャバルの例を挙げたが、『クルアーン』と預言者ムハンマド（PBUH）のスンナに依拠して定式化された類推によって具体的判断を導きだしたなら、それは「自己の法的意見」ではなく、類推による判断となり、『クルアーン』に基づいた読みをしたことになる。類推は『クルアーン』や預言者ムハンマド（PBUH）のスンナの中の「導き」を現実生活のなかで生かそうとする場合の読み方である。類推のポイントは、その読み方が『クルアーン』や預言者（PBUH）のスンナと同じ位置づけはされない、一回限りの判断であることに特徴がある。例えば飲酒の懲罰規定は鞭打ち八〇回であるが、他の行為であっても礼拝を忘れる飲酒行為と同じと類推されたなら同じ懲罰規定が適用される。一見して裁判の判決のように見えるが、裁判の判決は法の適用であって、法の条文の類推適用ではない。類推の適用は具体的事案に対する一回限りの適用であって、判例となったり、あるいは英国のように判例法となることはない。法となってしまえば、『クルアーン』や預言者の（PBUH）スンナと同じ地位を獲得し、人が『クルアーン』を創造してしまうことになるから否定される。

（二）イスティスハーブ

新たな法的事案が過去に類推を適用した法的事案と同じあると判断した場合、過去の類推を利用することは妨げられないというのがイスティスハーブと呼ばれる法理学方法論である。それは判断の導きだし方が同じであって、他の類推を、『クルアーン』の啓示として受け入れたわけではないからである。

（三）イスティフサーン

『クルアーン』や預言者（ＰＢＵＨ）のスンナの適用であっても、啓示やスンナの中に適用方法が複数見いだされ、それぞれの強さも弱さもあるが、どれも適用が可能であった場合、一番強いと思われる『クルアーン』やハディースのテクストを適用する必要は必ずしもないというのがイステゥハーンという法理学方法論である。その基準は現実にどちらがより相応しいかという判断である。類推の場合にも同じことが言える。

（四）無記の福利

『クルアーン』や預言者ムハンマド（ＰＢＵＨ）のスンナに依拠しないで公共の利益によって判断する。類推ではないし、「自己の個人的判断（ラーイ）」でもない。例としては、イランの指導者故ホメイニ師が一九八八年のイラク・イラン戦争での停戦の判断を、無記の福利の判断としたことがあげられる。

（五）教友たちの意見

預言者ムハンマド（ＰＢＵＨ）の教えを直接受けた教友たちは彼の逝去後、ムスリムたちのために『クルアーン』や預言者（ＰＢＵＨ）のスンナを解釈し、具体的な法判断を行った。彼らの法判断（意見）は尊重すべきものである。複数の教友たちの中で意見が分かれた場合、それぞれの意見を尊重する。その数だけイジュマー（法的意見の全会一致）の可能性があり、それ以上はないとする。ただ、それらが『クルアーン』や預言者（ＰＢＵＨ）のスンナと同じではないということは前提である。

（六）イスラーム以前の法

『クルアーン』に旧約、新約の物語の記述がある。『クルアーン』の二三年間余の啓示を結集記録したもので、一貫したテーマの書ではない。例外であるかのようにユーセフ（ヨセフ）の章だけが、最初から最後までユーセフの故事が記されている唯一の章である。物語が完結しているいう点で際立った章である。『クルアーン』には新約、旧約の言及の中で唯一神からの律法が記されているが、この律法はムハンマド（ＰＢＵＨ）を通じて伝えられたムスリムたちにも適用されるものかどうかがイスラーム以前の法としての問題である。預言者ムハンマド（ＰＢＵＨ）が伝えた立法と違ってなければ、ムスリムもまた尊重しなければならない。「生命には生命を、目には目を、鼻には鼻を、耳には耳を、歯には歯を、受けた傷には同じ報復を」（『クルアーン』五：四五）という同害報復法はその一例である。ハナフィー、マーリキ、シャーフィイー、ハンバリーの各学派はムスリムと異教徒、男性と女性の違いを問わず適用されるとした(11)。『クルアーン』の読みを通じて、先行する一神教との律法の適用が共有されている。こうした理解もまた『クルアーン』の読み方に必要となる。

（七）慣習法

『クルアーン』や預言者ムハンマド（ＰＢＵＨ）のスンナに指針としての「導き」が見いだされない場合、かつそれらが前記二つの禁止事項でなければ、慣習、あるいは習慣の法をムスリムたちの生活の指針としても良いというのが、法理学における慣習法適用の法理論である。ムスリムたち、特に日本人ムスリムたちが自分たちの国の習慣、慣習をイスラームではないとして最初から否定する必要はない。それまで継承された伝統や慣習は前記の二つの禁止事項と抵触していないなら継承することが認められている。イスラームという信仰のフレームはムスリムとなった人たちの承継した伝統を一掃するものではない。これは『クルアーン』の読み方の重要な一つである。以上が『クルアーン』の「導き」の受容の仕方である。非常に柔軟な読み方である。特定の民族の『クルアーン』の読み方が他の民族のそれを一掃するものでない。

六　『クルアーン』の構造的理解

これまで『クルアーン』を「導き」として、それをめぐる『クルアーン』の読み方を述べてきたが、『クルアーン』の構造的理解は、イスラームとは何かを模索するものである。理解し、生活のなかで指針を適用する読み方でなく、世界の宗教の中で、信仰するイスラームを位置づけるための読み方である。イスラームを『クルアーン』の啓示を復唱して正しい宗教、信仰であると主張するのではなく、他の宗教と比較して、より良い宗教であるとの確信を持つために必要な読み方である。ユダヤ教やキリスト教と同じ系譜の宗教であるとしても、近代以降、現代に至るまで世界の歴史の指導的地位にあり続けた西欧キリスト教文明の中で、ムスリムたちは西欧文明に対して自負を持つことや、独立性を誇示することは現実として難しいと言えるが、構造的理解を通じて、イスラームという宗教がより発達した、あるいは発展した宗教であることが確信できるようになるのである。

1　『クルアーン』第一章の構造的理解

『クルアーン』の構造分析の目的は、『クルアーン』からムスリムにとってイスラームという宗教は何かを明らかにすることである。これまでの著名な解釈書の方法論を見ると、伝達によるか、人間の知性によるかの二つの視点が含まれている。伝達によるとは、『クルアーン』を『クルアーン』によって理解する、つまり『クルアーン』のあるアーヤ（節）を他のアーヤ（節）によって意味を明確にすることから、唯一神アッラーの啓示が、唯一神アッラーの啓示よって解説されるので、まったく正しく、最良の解説と位置付けられた。それが可能なのは、『クルアーン』には重複する節が多いので、それらが含まれる、異なる、まとまった節を解説することが可能となっているとみなされたからである。次にアッラーの使徒であるムハンマド（PBUH）は唯一神アッラーから、あるいは天使を通じて直接、あるいは聖霊を通じて間接に教えを受けているとの点から、彼の『クルアーン』の解説は尊重されるとされたのである。次にアッラーの使徒ムハンマド（PBUH）の教友（サハーバ）たちは、使徒の教えを直接受け、さらに次世代（タービィーン）は直接教えを受けた教友から直接教えを受けたので、それらの解説は有意義であるとされたのである。こうした伝達性は『クルアーン』の読み手であるムスリムが個々の能力によって理解するよりは遥かに良いとされ、結果、読み手の理解力（知性）の排除である伝達が『クルアーン』理解の上位とされた。

一方、知性を駆使した読み方とは、言語、文法、修辞学を駆使して、『クルアーン』のアーヤ（節）の意味を確定しようとするものである。言語的方法論は「ことば」を際立たせ、抽象化が極端に進んでしまうと、『クルアーン』の啓示事由の具体性を喪失させる恐れがある。例えば、「アッラーはあらゆることに精通しておられる」とのアーヤの解説は、それを聞けば、「すべて精通している」と理解し、何ら問題を生まない。しかし「精通」に焦点を当て、唯一神アッラーの精通は何か、つまり精通論に軸を移動して『クルアーン』の解説へと向かってしまうことがある。「唯一神アッラーは～だ」の主題、あるいは主語が「唯一神アッラー」であったものが、精通について徹底的に分析し、「アッラーは何である」から「アッラーの精通とは何である」を完璧性など、いろいろな角度から論じ始めることになる。次第に主語と述語の相互補完的関係が失われていく。『クルアーン』のアーヤの字義的説明であれば、アーヤの主題性は維持される。事典や辞書を参照するのと、事典や辞書の見出し語を中心に論を進めることとは違ったことである。こうした点からも、『クルアーン』の和訳もまた、『クルアーン』から離れず、できるだけ簡潔な字義的説明レベルに解説を抑えることが、『クルアーン』を「導き」としてムスリムの実生活に生かすことができるだろう。

さて構造分析は人間の知性を使う点では言語によるものと同じあるが、『クルアーン』が何を伝えようとしていたかをめぐって考察することである。

『クルアーン』第一章を例にとって説明してみよう。

第一章は次の七アーヤ（節）から成立している。

慈悲あまねく慈愛深きアッラーの御名において。1
万有の主、アッラーにこそ凡ての称讃あれ、2
慈悲あまねく慈愛深き御方、3
最後の審判の日の主宰者に。4
わたしたちはあなたにのみ崇め仕え、あなたにのみ御助けを請い願う。5
わたしたちを正しい道に導きたまえ、6
あなたが御恵みを下された人々の道に、あなたの怒りを受けし者、また踏み迷える人々の道ではなく。7

日本ムスリム協会訳『日亜対訳聖クルアーン』

第一章はムスリムの一日五回の礼拝義務の中で、ラカー（伏拝：単数）毎に朗誦される。暁（ファジュル）の礼拝二ラカート、昼（ズフル）の礼拝と遅い午後（アスル）の礼拝が夫々四ラカート、日没（マグリブ）の礼拝三ラカート、夜（イシャー）の礼拝四ラカートで合計一七回のラカートであるから一七回朗誦される。ただし金曜日は昼の礼拝が二ラカートであるが、スンナの礼拝があるので、実質は一七回を超える。

ムスリムが次世代から次世代へと最後の審判の日まで毎日朗誦する章である。

預言者ムハンマド（ＰＢＵＨ）が第一章は最も良い章である教えているハディースがある。また第一章が病を癒したとのハディースもある。第一章を、書（『クルアーン』）の母と呼んでいる。一番大事な章とされている。しかし、なぜ大事なのかについて、現在までの、どの『クルアーン』解釈書も伝えていない。また第一章だけの解釈書や研究書も同様である。そこで、第一章の第四節「最後の審判の日の主宰者に」を最後に置いてみると、第一章が、預言者ムハンマド（ＰＢＵＨ）による一神教を歪曲した当時のクライシュ族の信仰復帰への招待の文言であることが容易に理解できる。それはまたイスラームという唯一神信仰の初めから終わりまで説明していることが分かる。

2 『クルアーン』第一章とイスラームの反復悔悟システム構造

第一節

慈悲あまねく慈愛深きアッラーの御名において。

＊これはベルが指摘するように何かを始める場合の定型句であるのかも知れない。第一章は節の一つとなっているが、第九章を除く『クルアーン』のすべての章の最初に置かれ、それらの章の第一節とはされていない。

第二節

万有の主、アッラーにこそ凡ての称讃あれ、

＊万有の主とは、唯一神アッラーはすべての世界の生きとし生けるもの、そして物質すべてを創造したとの創造神であり、それを称賛するとは信仰するとの意味となる。

第三節

慈悲あまねく慈愛深き御方、

＊慈悲とは、人々が生きるためのすべての恵みを与えることである。慈愛とはムスリムに対してであり、心から過ちを悔悟し、正しい信仰に戻ろうとするなら、無条件で受け入れるとの意味と解される。

預言者ムハンマド（ＰＢＵＨ）は先祖の一神教信仰を歪曲した人々に、それまでの過ちを改め、悔悟し、イスラームの信仰へ戻るなら、唯一神アッラーは条件なしで受け入れ、それまでの罪を最後の審判の日に組み入れないとしたと解される。

一方入信後に、また過ちを繰り返すことを恐れる人々に、歪曲は過去に何度も起こったことであり、またいつ過ちを犯すこともあるが、心から悔悟し、正しい信仰に戻るなら唯一神アッラーは無条件で受け入れると解される。

アッラーの美称は九九あるとされ、多くの解釈書や解説はアッラーを称え、美称九九論を展開しているが、ムスリムにとって最も大切な美称は、「悔悟を受け入れるお方（タッワーブ）」と「（悔悟を無条件で受け入れる）慈悲のお方（ラヒーム）」とであるのは、この二つの単語が組み合わさって、アッラーへの悔悟と、アッラーの懲罰なしの無条件の受け入れの句であるかのように同時に記されているアーヤが多々あることからも分かる。

こうして預言者ムハンマド（ＰＢＵＨ）は一神教へ戻ることに躊躇は必要ないと教えたと理解できる。これこそがイスラームの入信招待方法であった。過ちを犯しても現世で懲罰を受け、滅ぼされことなく一神教へ戻ることが可能になった。ノアの箱舟、ソドムの出来事など旧約を見れば唯一神信仰を逸脱した者たちには、神の怒りが下された。神の怒りとは滅亡の憂き目にあうことである。

しかし、預言者ムハンマド（PBUH）は唯一神アッラーによる現世での懲罰（根絶やしの滅亡）はないと「慈悲」ということばで保障した。なぜなら現世で、これまでの一神教のように神の怒り（根絶やしの滅亡）があることになれば、悔悟ができなくなってしまうからだ。

そのことは聖なるハディース、つまり唯一神アッラーが預言者ムハンマド（PBUH）の心に聖霊を投げ入れ、それを受け取った彼が自分のことばで説明したハディースに次のようにある。

「唯一神アッラーは、傍らの書に、私の慈悲が私の怒りを圧倒するだろうと書かれた。」

これは信仰において過ちを犯しても怒り（根絶やしの滅亡）はないとすることと関連する。最後の審判の日まで、悔悟して正しい信仰に戻ることを無条件で許されること（ラヒーム）が保障され、さらに『クルアーン』の「猶予」がそれを保障している。

第五節

わたしたちはあなたにのみ崇め仕え、あなたにのみ御助けを請い願う。

＊正しい信仰へ回帰したムスリムは、唯一神アッラーの助力でのみ信仰が成就することを知る。自力でなく他力である。これはイスラーム信仰の基本である。

第六節

わたしたちを正しい道に導きたまえ、

＊ムスリムは正しい道、唯一神アッラーの御許へと到達する道、天国への道を希求する。このアーヤ（節）は信仰

の歩む道とはどの道かを明らかにする。

第七節

あなたが御恵みを下された人々の道に、あなたの怒りを受けし者、また踏み迷える人々の道ではなく。

＊旧約、新約のなかで正しい信仰を全うした恵みを下された預言者や神の使徒たち、そして正しい信仰者たち、さらにクライシュ族の先祖の正しい信仰者たちの信仰の道を希求する。

怒りを受けた者とはユダヤ教徒で啓示を書き換えた者たちを指し、踏み迷える者とは三位一体を主張するようなキリスト教徒たちを指すと解される。これは旧約、新約の故事を例としたものであり、ユダヤ教徒一般、あるいはキリスト教徒一般を指してはいない。アッラーに代わって、ユダヤ教徒、キリスト教徒を攻撃する権利がムスリムにあろうはずがない。

第四節

最後の審判の日の主宰者に

＊預言者ムハンマド（ＰＢＵＨ）の宣教を受け入れた者たち、拒否を続けた者たちが最後に審判の日に、唯一神アッラーから直接裁かれることを伝えている。

第四節が最後に来なかった理由を強いて求めようとすれば、聖なるハディース「第一章は唯一神アッラーと、信仰者たちとで二分した」であろう。最後来るべき第四節はこのハディースに基づけば、第四節に位置すべきとなるからである。

以上から第一章がイスラーム信仰への回帰と入信する者に対し、イスラームという宗教の初めから終わりまでを伝えている章で、それ故に一番大事な章であるとの理由も分かる。

『クルアーン』の節の並び方、『クルアーン』の語句同士の相互関係と関連性を通じて分析するのが構造分析である。言語分析のような抽象化を避け、『クルアーン』をイスラームへの回帰、招待する総体として認識し、常に『クルアーン』と離れずに分析する方法である。

3　悔悟とカーバ回周

イスラームは常に悔悟を求める宗教である。気づかずに犯す過ちを避けることはできないのだから、常に悔悟の姿勢が必要となる。

大巡礼、小巡礼などの儀式の一つにマッカのカーバ神殿の回周がある。逆時計回りの七周半の回周という宗教儀礼であるが、この起源を天使たちの悔悟を示す回周とする伝承がある。ムスリムのマッカ巡礼におけるカアバ回周の起源が天使たちの悔悟を示す行為の踏襲であるとするなら、イスラーム信仰における悔悟と、それを受け入れる唯一神アッラーとの関係理解が促進される。悔悟し正しい道へ戻るというシステムがイスラームの特徴であるとの理解が促進される。

ムハンマド・ビン・ユーセフ・アッサーリヒー『最良の信徒たちの生き方における導きと、案内の道』[12]に次のように書かれている。

アリー・ビン・アルフサインによれば、ある男が、「「この家（カアバ）」の回周はそれまでなかったものだが、何が始まりなのか」と聞いたことがあった。この家の回周の始まりは、アッラーが天使たちに「私は地上にカリフ（代理人）を置こう」と言った時、天使たちは、「私たち」の中からでなく、この地上を汚す者の中からカリフを置くのですか、人間たちは血で大地を汚し、お互い妬み合い、憎しみ合う者たちですと異を唱えた。「私たち（天使たち）は大地を汚さない、血も流さない、憎み合うこともない、ましてや妬み合うこともないのです。私たちはあなた（唯一神アッラー）を賛美し、称賛し、あなたを神聖なるお方とします。あなたに従うことがあっても逆らうことはありません。」と異議を唱えた。アッラーは、私はあなたたちが知らないことも知っていると言われた。天使たちはアッラーの返答に困惑した。天使たちの主であるアッラーが、天使たちの言葉に怒ったのではないか？　そこで天使たちはアッラーの玉座の周りに集まり、顔を上げ、指で示しながら、叫び、泣き、主の怒りを宥めようとした。彼らは玉座の周りを三時間回周した。アッラーは天使たちを見て、彼らに慈悲を垂れた。アッラーは玉座の下にエメラルドから出来た四本柱の家を建てた。それを赤いルビーで覆った。七万の天使たちは玉座を離れ、その家を日に夜にと回周した。その後、アッラーは天使たちに、これと同じ家を地上に建てよと言われた。そしてアッラーは地上の生き物がこの家を回周するように命じた。悔悟してイスラーム信仰へ戻る時、それまでの罪は罪に算入されないと預言者ムハンマド（ＰＢＵＨ）は教えた。大巡礼を果たしたムスリムたちに対して、「ハッジ・マブルール（穢れが取り除かれた順礼）、ザンビ・マグフール（罪は許された）」の文言は悔悟と慈悲の相関関係を示唆している。

4　イスラームの慈悲

慈悲とは過ちを犯す信仰者の繰り返しの反省悔悟を受け入れることを示している。同時に、それは現世において滅ぼされることはないとの保障でもある。滅亡すれば悔悟はできない。最後の審判の日まで猶予が与えられ、最後の審判の日に裁かれる。

ユダヤ教は戒律を守らないと現世で滅ぼされるという一神教構造である。戒律をめぐる神学が主流となる。キリスト教は戒律重視から、神の愛、神は真理であるとした。キリスト教神学は神をめぐる神学になっていった。イスラームは過ちを繰り返し犯す人間に対し、アッラーは怒り（民を滅ぼす）を抑え、慈悲（反省悔悟して信仰へ戻ること）を無条件で受け入れることを約束し、現世での懲罰なし、懲罰は来世へと猶予した。反省悔悟を受け入れ神（タッワーブ）とそれを無条件で受け入れる神（ラヒーム）は『クルアーン』の中でタッワーブ、ラヒームと併記され組み合わせてイスラームの教義原理を伝える。

このことから一神教の発展を見ると、神と人間の関係において、戒律から神と神の愛へと進み、イスラームに至り、過ちを犯す人間を認め、反省悔悟し信仰へ立ち返ることの繰り返しを認めた一神教構造となった。このように人間の反省を軸に信仰を確立しようとしたイスラームは、同じように日々反省し、天意を知ろうとする儒教道徳と方法論では似ている。いずれにしろ、三つの一神教のなかで、イスラームがより発展した宗教といえることになる。律法から神、神から人間へ視点を移し、過ちを犯す人間に一神教信仰を全うさせるため猶予と道を提供したからである。『クルアーン』第一章はイスラームの「反復悔悟システム構造[13]」を伝えている。

最後に

『クルアーン』訳は、字句の説明を加味した程度で分かる訳がよいものであること、その理由は『クルアーン』が地域、時代を越えてに実生活での指針、「導き」とすることが定められえているからで、現実の事実である問題の具体的事案と対応するからである。同時に「導き」の適用は法理学の知識を加えて行うのが恣意を防ぐ方法であるという意味で、法理学の知識を駆使した『クルアーン』のアーヤ（節）の理解が望ましい。一方で、イスラームという宗教が、他の世界的宗教の中で位置づけることも『クルアーン』を読む際に必要である。それは読みを深めるのではなく、預言者ムハンマド（ＰＢＵＨ）が、唯一神アッラーの御許から伝えた『クルアーン』が何であるのかを問うことであり、その方法論として構造的理解があることを述べた。それはムスリムが他の宗教と比較して自己の宗教であるイスラームが神と人間との関係の一神教史のなかで、より発達した一神教であることを客観的に証明し、信仰の道において勇気を得ることになるからである。

注

（1）タバリー：Abū Jaʿfar Muḥammad ibn Jarīr al-Ṭabarī（839–923 AD）ペルシャ（現イラン）の歴史家、クルアーン学者、法学者。彼の『クルアーン』解釈書 *“Jāmiʿ al-bayān ʿan taʾwīl āy al-Qurʾān”* では、『クルアーン』の内容には、唯一神アッラーだけが知り得ること、預言者ムハンマド（ＰＢＵＨ）だけが知り得ること、そしてアラビア語という点からムスリムがが知り得ることの三つに分けられるとされた。その結果、唯一神の存在や、天使たちなど『クルアーン』に基づく信仰学（アキーダ）の内容を最終的には不可知のことであるとして、それついての説明を行っている。また『クルアーン』を言語、文法、修辞学から読み手の理解（ターウィール）を彼の『クルアーン』解釈書に取り入れた。そして教友たちの伝承と比較して前者を優先した。他の解釈書と同じように『クルアーン』の法規定などを含めている。

クルトビー：Abu ʻAbdullah Muhammad ibn Ahmad ibn Abu Bakr al-Ansari al-Qurtubi（1214–1273）．スペインのコルトバ出身の学者。解釈書 *“Al-Jami'li-Ahkam or Al-Jami' li Ahkam al-Qur'an or Tafsir al-Jami”* にはタバリーの解釈書と同じように言語、文法、修辞学を駆使した解釈を含め、教友たちの伝承を『クルアーン』の法規定の観点から重視した。ハディース（預言者（ＰＢＵＨ）言行録）、法学、イスラーエリヤート（旧約学の知識）も含まれている。

イブン・カスィール：Abu al-Fida' ʻImad Ad-Din Isma'il bin ʻUmar bin Kathir al-Qurashi Al-Busrawi（1300–1373）．彼の解釈書 *“Tafsīr al-Qurʾān al-ʿaẓīm”* には『クルアーン』の啓示を他の啓示によって説明する、『クルアーン』による『クルアーン』

の解説、預言者ムハンマド（ＰＢＵＨ）のスンナ、ハディース（預言者（ＰＢＵＨ）言行録）、教友たち、教友次世代の伝承、朗誦諸説、啓示事由、『クルアーン』の法規定、信仰学（アキーダ）、イスラーエリヤート（旧約学の知識）などが含まれている。

ザムフシャリー：Abu al-Qasim Mahmud ibn Umar al-Zamakhshari（1075-1144）ペルシャ出身の一二世紀のムゥタズィラ派の学者。解釈書 ***"Al-Kashshaaf 'an Haqa'iq at-Tanzil"*** では言語、文法、修辞学、文学、文化学を駆使した解釈が試みられ、非常に高度な解釈学が構築されている。法学やイスラーエリヤートは他の解釈書よりも関心が低い。

（2）Muhammad Ali Sābuni（1986）***"Safwatu al-Tafsiir"*** 1st ed. Dār al-Qurān al-Kariym محمد علي الصابوني "صفوة التفاسير" الطبعة الأولى، دار القرآن الكريم（1986）

（3）「導き」という語は『クルアーン』第二章二節では、「神を畏敬する人々への導き」として、『クルアーン』が導きそのものであるという意味と、その前に、「その本、そこには疑いは一切ない」との文脈から、「アッラーからの啓示」を「導き」として、ムーサ（モーゼ）に下されたタオラーと、イーサー（イエス）に下れたインジールを指すとの解釈がある。導きがアッラーからの啓示である点は共通しており、その目的地はアッラーの御許である。「導き」は、道という意味において「正しい道」、あるいは「正しい宗教」への導きという意味で用いられているが、その目的地はアッラーの御許である。

一方、『整列の章三七章二二節』ではアッラーからの天使たちへの命令表現で、「神（の導き）を否定する者たちや、彼らの指導者たち、そして彼らが、唯一神アッラーを差し置いて、崇拝信仰する神々たちを、水を田に引くように、暴力的に引きながらジャハンナム（炎獄）へ導け」との文脈で「かれらを火獄への道に連れて行け」とある。「悪しき道」への「導き」である。「導き」は『クルアーン』の中で名詞、動詞、分詞の形で用いられており、それは計二六〇語に達する。また「導き」の用法について、アブー・ウバイダ・アルハーニーは一三に分類しているが、それらは宣教での導き、アッラーの御許への導きである。一．真っすぐな道（『クルアーン』一：六）、二．アッラーからの導き（二：五）、三．使徒ムハンマド（二：三八）、四．ムハンマド（ＰＢＵＨ）（二：一五九）、五．預言者のスンナ（模範例）（六：九〇）、六．改善（一二：五二）、七．イスラームへの招待（一三：七）、八．『クルアーン』（一八：九四）、九．信仰（イーマン）一八：一一三）、一〇．聖霊（二〇：五〇）、一一．来世への準備としての死（二〇：八二）、一二．イスラーム（二二：六七）、一三．唯一神信仰（二八：五七）、一四．ムーサ（モーゼ）の律法（タオラー）（四〇：五三）などの語に対応させている。https://vb.tafsir.net/tafsir7782/#.XOj0jeR7mUk（二〇〇七年五月一四日アクセス）。

『道』あるは『神への道』と内的関係性を維持している。日本における道の理解では、道そのものが目的でもあり、イスラームのように結果が目的、つまり永遠の幸福であるとの位置づけは弱い。日本では『神の道』と助詞省略表現がなされる場合もあるが、それは誤解を生じさせる。日本人の宗教観では、道とは自己鍛錬であり、道そのものに目的が内包されている場合が多い。アラビア語でも前置詞省略のアラビア語修飾で「神の道」とされるが、それは「神の御許へ至る道」であり、『導き』と内的関係性を維持していることから、道そのものが目的ではないのである。「アッラーの党（神の党）ヒズブッラー」もまた同じで、神党でないのであるが、日本では上記事情から誤解を生む可能性がある。

（4）イスラームは普遍的宗教価値を唱道しながら地域主義を否定しない宗教構造を内包している。聖職者集団の不在はそれを保障する主たる要因として作用してきた。アラビア半島ばかりでなく、イラク、シリア、ヨルダンの三日月地帯、そして北アフリカにおいて部族主義は現在もなお生き続けている現実はイスラームが普遍的価値を唱道しながら、地域主義を守り続けたことの結果でもある。地縁、血縁は人間社会の核であり、新たな宗教であったイスラームの受容は地縁、血縁と矛盾、葛藤を引き起こさない形でなされてきた。

イスラーム法理学における「ウルフ（慣習）」、「アーダ（習慣）」を法源として位置づけていることは第二の要因としての保障である。イスラームにおいて、宗教を通じた普遍的価値と地域主義の調和が模索されたきた。イスラームの到来によって部族主義が一掃されたのではなく、部族主義の弊害を除去する方向で宗教を通じた普遍主義が浸透したと言うのが妥当である。その程度は地域社会の状況と発展に対応するもので必ずしも絶対的理念の現実化ではなかった。日本におけるイスラーム宣教の担い手は日本人でなければならないというラビタ（世界イスラーム連盟）の基本的立場もまた地域主義の現れである。

戦後、特に六〇年代、七〇年代の日本のイスラーム研究者たちの間では、イスラーム部族社会の中で、人間の平等を実現されたと喧伝され、イスラームにおいて、神の許で人は平等であり、貧富の差、親兄弟の血縁などは否定されたという主張がなされた。しかしその根拠を『クルアーン』に求めれば、第一は最後の審判の日において血縁、地縁、財産が一切意味をなさないという章句である。

「一．あなたがたは（財産や息子などの）多いことを張り合っている。二．墓に追い立てられるまでも（止めない）。三．いや、やがて（最後に審判の日の裁きの前で）あなたがたは（その真実を）知るだろう。四．そうなのだ。やがてあなたがたは（火獄を）知ることになる。五．そうなのだ。あなたがたが知るのは必定だ。六．あなたがたは火獄を目の当たりするだろう。」（『クルアーン』一〇二：一―六）

現世の平等ではないのである。最後の審判の日には血縁、地縁、富が無能になるとの警告は部族主義であった、そして今も変わらないアラビア半島の人々に現実の想像を超えて恐怖を抱かせるに十分であったし、今もそうである。恐ろしい警告（ナズィール）でもあると推測される。

次に、正義（アダーラ）の保障の実現は現世と来世を併せてである。現世における不当（マズルーム）の回復は来世を含めてのそれである。イスラーム法学書において、幼子を亡くした親の葬儀での祈りは、当該の悲しみの分だけ親の来世での裁きにおける情状酌量が必ずあるでしょうとの確認の祈りである。葬儀法の中で見いだされるこの事実はその証左でもある。イスラームの現世・来世観は裁きという視点を通じて理解されることになる。

（5）参照

Three Essays On Tawhid（*Shaykh Muhmmad ibn Abdul Wahhab, Isma'il Raji Al-Faruqi*）International Islamic（PBUH）lishing House, 1979.

四戸潤弥「タウヒードと信仰の深化」『シャリーア研究第一四号』拓殖大学イスラーム研究所紀要、二〇一七年、五―二六頁。アブドル＝ワッハーブ『三つの原理』はタウヒード（唯一神信仰）論であるが、その内容は徹底的なシルクの否定、シルクの一掃で論が進められている。ムハンマド・アブドル・ワッハーブは信仰告白の二重否定を理解し、イスラームのタウヒード論を書いたと言える。ムスリムとの宗教間対話を進めようとする西欧はイスラームを同じ一神教として包括し、イスラーム教義の特徴を分析もせずに単純に六信五行と理解してしまう。つまりイスラーム到来理由をかすめて通過してしまうのである。一八世紀半ばにアラビア半島に起こった宗教改革運動であるサラフィー運動は過激として敬遠された。イスラーム原理主義と呼ばれ、聖者、聖木崇拝を否定し、聖廟を破壊した。サラフィー運動の第一の主張はシルクの否定であったことは聖廟や聖木破壊から見ても明らかである。当時も、今も多くのイスラーム教徒は一神教であるが、問題はそうであってもシルクの大罪を犯しかねない状況にあるのであった。それは人である以上不可避の信仰上での誤ちでもある。シルク否定を軸とするサラフィー運動が、ムハマドの宣教を正しく理解し、タウヒード論がシルク否定、シルクの一掃であるのはその何よりの証左である。

（6）「あなたがた信仰する者よ、あなたがたが期間を定めて貸借する時は、それを記録にとどめなさい。」（『クラーン』二：二八二）は貸借の返済時期、先物取引の引渡し日の明記をせよと勧めている。日本の商人間でも資金融通、資本貸借などでは返済期限を定めないないようである。落語『帯久』はそれを反映している。商業・交易産業のマッカと違い、農業社会のマディーナでは収穫時期も予想されるから返済期限の取り決めも自然である。農業経済社会マディーナの慣習である先物取引をイスラームは認めた。

（7）フェック、ヨーハン『アラブ・イスラーム研究誌――二〇世紀初頭までのヨーロッパにおける――』井村行子訳、法政大学出版局、二〇〇二年。

（8）穂積陳重『続法窓夜話』岩波書店（岩波文庫）、一九八〇年。

（9）アブドル＝ワッハーブ・ハッラーフ『イスラムの法――法源と理論――』中村廣治郎訳、東京大学出版会、一九八四年を参照。同書はイスラーム法理学の簡易利便な教科書として現在もなお中東イスラーム諸国の教科書として使用されている。内容ついて一言触れればエジプト実体法との関係においてイスラーム法との調和をめぐる示唆に富む言及がある。

（10）最初にくるのがキヤース（類推）と呼ばれるものだが、これは判断が必要な具体的事案が、『クルアーン』や預言者ムハンマドの言行の中の判断が見いだせない場合に行うものである。単なるイジティハードではそれぞれのムスリムの恣意的判断も許す可能性を残してしまう。そこでイスラーム法理学では、こうした努力であるイジティハードのプロセスを定式化していった。それらは第一にキヤース、イスティスハーブ、イスティフサーンでなどである。同時に、キヤースが適用できない場合には、無記の福利、慣習、習慣などを『クルアーン』の「導き」によらない判断も許容された。残ったのは、サハーバ（教友）たちの言行と、さらに『クルアーン』の中に記された旧約、新約の預言者、使徒に啓示された律法の扱いであった。しかし、これら全ては法としての「導き」にならない。例えて言うなら、法と判決の関係である。生活の中での「導き」は常に現実生活の中での具体的事案の判断である。それらが『クルアーン』と同じ地位を獲得するならば、人が法としての「導き」を創造することになるからである。キヤースを基より、『クルアーン』とムハンマドのスンナ以外は法的な「導き」にはならない。これにより、ムスリムは常に前記二つに「導き」を模索することになった。そしてそれは地域と時間を越えた「導き」となったと言えるのである。

『クルアーン』の「導き」によって生きることと、恣意との調和が試みられたのである。

（11） アブドル＝ワッハーブ・ハッラーフ『イスラムの法――法源と理論――』中村廣治郎訳、東京大学出版会、一九八四年、一二三頁。

（12） ムハンマド・ビン・ユーセフ・アッサーリヒー『最良の信徒たちの生き方における導きと、案内の道』ダールル・クトビル・ミスリー、カイロ、一九九〇年、一七〇―一九六頁。

سبل الهدى والرشاد في سيرة خير العباد، محمد بن يوسف الصالحي، دار الكتاب المصري، القاهرة، 1990م، ص1-170

（13） 四戸潤弥、紀要論文「タウヒードと信仰の深化」『シャリーア研究第一四号』拓殖大学イスラーム研究所、二〇一七年、五―二六頁。

［著者略歴］

四戸　潤弥（しのへ　じゅんや）

一九五二年生まれ。東京大学大学院総合文化研究科博士課程満期退学、カタール大学イスラーム法学・イスラーム学部卒。同志社大学神学部神学研究科教授。著書に、『現代アラビア語入門講座』全二巻、東洋書店、二〇〇八年（初版三刷）、『イスラーム世界とつきあう法』増補版、東洋経済新報社、二〇〇一年、「宣教としての『クルアーン』とイスラーム法解釈の構造」『変革期のイスラーム社会の宗教と紛争』（共著）、明石書店、二〇一六年、「イスラームの平和――慈悲と慈愛の信仰構造を通じて――」『宗教と対話』教文館、二〇一七年。

日本のイスラーム　法曹界から

林　純子

はじめに

世界的なムスリムの人口増加が言われて久しいが、現在、いわゆるムスリムマジョリティの国以外に住むムスリムの人口も増加の一途を辿っている。日本もその例外ではない。一方で、日本でムスリムが生きやすいと言えるようになるには、まだまだ課題があることも明らかである。近年では東京オリンピックを控えて、ハラール認証やムスリムに対する「おもてなし」など、ムスリムの呼び込みを目指す動きが目に付くが、本稿では、より根本的なところから、どうしたら日本でムスリムがより生きやすくなれるかという点について、弁護士として外国籍・民族的マイノリティの権利に関して取り組む中で見えてきたことを論じたい。なお、本稿はすべて筆者個人の見解であり、筆者の所属する組織等を代表するものではないことを予めお断りする。

一　マイノリティが生きやすい社会を目指す

1　ムスリムもマイノリティグループの一つであるという認識

日本におけるイスラームの特徴としては、ムスリムの人数が圧倒的に少数であること、及び、その大多数が外国出身あるいは外国籍であるために「外国のもの」というという文脈で語られることが多いことがあげられる。日本に在住するムスリムの正確な人数は不明であるが、二〇一九年現在、一〇万人から一二万人と言われることが多く、(2) 最も大きな数字として筆者が目にしたものでも二〇万人である。(1) 日本の総人口はおよそ一億二六〇〇万人であるので、日本の総人口のうちムスリムは〇・〇〇一%、一〇万人に一人程度ということになる。日本のマイノリティグループの中でもムスリムの人数が少ないことは、キリスト教徒の約百九一万人[3]や障がい者の約九三七万人[4]、性的マイノリティの約九五八万人（七・六%）[5]と比べても明らかである。そして、その十数万人のムスリムのうち、約九割が外国籍と考えられている。

このような中でムスリムが生きやすくなるためには、イスラームを信仰していること自体がマイナスのものとして捉えられず、礼拝や食、服装などを実践することに支障がなくなることが必要であろう。しかし、日本のマジョリティである非ムスリムの日本人の多くは、ムスリムに会ったこともなく、イスラームは外国のもので馴染みがないという認識を持っている。そのため、イスラームやムスリムのことなど「自分には関係がない」と思い、ムスリムの生活に不都合があっても「ムスリムが日本に合わせるべき」などと考えていることは、想像に難くない。実際、そのようなことを言われた経験のあるムスリムは少なくないだろう。一方で、日本にはムスリムと同じように生きにくさを感じているマイノリティが多く存在する。そうであれば、ムスリムだけが生きやすくなるよう、マジョリティの側にイスラームに対する理解だけを求めるのではなく、マイノリティであっても生きやすい社会を実現し、マイノリティのひとつとしてムスリムも生きやすくなることを目指すのが現実的ではないだろうか。すなわち、日本が多様性に寛容になり、個々人が尊重される中で、個人の選択としてイスラームの信仰と実践が受け入れられるようにするのである。そうなれば、ムスリムが圧倒的少数でその大多数が外国出身・外国籍であっても、日本社会はムスリムにとって生きやすいものとなるであろう。

筆者の肌感覚ではあるが、在日ムスリムの中には、「ムスリムは特別扱いされるべき」あるいは「特別に差別されている」と考えている人が多いように思う。しかし、そのような「ムスリムは特別」という認識では、実際にムスリムが生きやすくなることはないであろう。ムスリムだけで状況を変えようとするのではなく、ムスリムも、日本の社会に数あるマイノリティのグループの一つに過ぎないという認識をした上で、他のマイノリティグループと協働して、マイノリティが住みやすい社会を実現していくことが、日本でムスリムが生きやすくなるための近道ではないだろうか。

2 他のマイノリティグループとの協働

他のマイノリティグループとの協働の例として、セクシュアルマイノリティ・同性婚とヘイトスピーチ・ヘイトクライムについて以下に論じる。

（一） セクシュアルマイノリティ・同性婚

セクシュアルマイノリティとは、生物学的性別・心の性別・性的指向がマジョリティとは異なる人たちを意味する。心の性別・性的指向は、生物学的性別と同様に、自分で自由に変えられたり選べたりするものではない。前述のとおり、セクシュアルマイノリティは人口の約七・六％にもあたるとの調査結果もある(6)。近年、セクシュアルマイノリティの人権状況が注目をあび、日本でもセクシュアルマイノリティにもっと配慮すべき、とりわけ同性婚を認めるべきだという動きがある。これについて、ムスリムはどう考えるべきであろうか。イスラームの下では同性婚は結婚としては認められないが、ムスリムは日本での同性婚も反対すべきなのか。

まず、きちんと認識する必要があることは、イスラームで同性婚が禁止されていることと、日本で同性婚が認められることとは、まったく次元が異なる問題だということである。当然ながら、日本で同性婚が認められるようになっても、ムスリムが同性婚をしなければならなくなるわけではない。日本にすでに存在する同性カップルの結びつきが、法律上の婚姻として認められ、異性婚と同様の扱いを受けることになるということに過ぎない。逆に、日本で同性婚が認められることによって、日本社会の多様な価値観や属性の人々の存在が法律の前提とされ、日本が多様性に寛容になる一歩となるであろう。

ムスリムが人口の〇・〇〇一%であるこの日本社会において、イスラームで禁止されているからと同性婚に反対し、多様性が認められない中で生き続けるより、同性婚も認められるような多様性に寛容な社会に生きる方が、ムスリムとしては生きやすいのではないだろうか。

(二) ヘイトスピーチ・ヘイトクライム

ヘイトスピーチとは、歴史的・構造的に差別されてきた人種、民族、社会的出身、国籍、性別、性的指向、障がいなどの属性に基づくマイノリティ集団・個人に対する、属性を理由とする、言動による差別、とりわけ差別の扇動を意味する。ヘイトクライムはこのような差別意識に基づく犯罪であり、物理的暴力を伴うことが多いのが特徴である。ヘイトスピーチは、マイノリティに属する人々を平等な人間・社会の一員として認めないというメッセージを持つもので、マイノリティへの差別・暴力を社会に蔓延させ、マイノリティや平等に関する言論を萎縮させることで、社会をジェノサイド(虐殺)や戦争へと導くことがある。ナチスによるユダヤ人等の虐殺やルワンダのツチ族虐殺も、ヘイトスピーチから始まっている。日本でも、関東大震災の直後に「朝鮮人が井戸に毒を投げた」等のデマとヘイトスピーチを引き金に、少なくとも数千人の朝鮮人・中国人が虐殺されている。

近年では、二〇一二年頃から全国各地でいわゆる在日コリアンを主たるターゲットとするヘイトスピーチが悪化し、本邦外出身者に対する不当な差別的言動の解消に向けた取組の推進に関する法律(ヘイトスピーチ解消法)や独自の罰則を有する条例が制定された。現時点ではムスリムはヘイトスピーチの主たるターゲットとはされていないが、ヘイトスピーチは排他的思想に基づくものであるから、いつムスリムもターゲットとされてもおかしくはない。自分たちがターゲットになる前に、他人事と思わず、そもそも人種差別やヘイトスピーチは許されないという社会になるよう、ムスリムも尽力すべきだろう。

二　テロリズム関連

1　Collective Guilt（共同責任・集団的罪悪感）

世界のどこかでムスリム（と思われる人）がいわゆるテロ事件を起こしたというニュースがあると、その人とまったく関係がないのにもかかわらず、自分もムスリムだというだけで、なんとなく後ろめたい気持ちを抱くムスリムは多いのではないだろうか。マスメディアもムスリムのコメントを求め、ムスリムの側も「本当のイスラームはテロを認めない」などと声明を出すことが多い。さらに、新たなテロ事件が起きたわけでもないのに、ムスリムの側から「テロ撲滅」などというメッセージを出すこともある。このようなテロリズムについてムスリムが非難することが外部から求められ、ムスリムの側からもしなければならないように感じることをCollective Guilt（共同責任・集団的罪悪感）と呼ぶ。これについては、どのように考えるべきか。

たしかに、テロリズムの原因として少なからずイスラーム自体が非難されている現状において、イスラームの側からの説明をすることも必要であろう。しかし、テロ事件がある度にムスリムが非難をすることを続けることには、大きな問題がある。まず、そもそもこれは、テロリズムという極悪卑劣な行為について、ムスリムであるというだけで非難しなければ賞賛していると認識するということであり、相手を良心ある人間と思っていないに等しい。また、テロリズムを積極的に非難していないムスリムは、これを賞賛していると思わせる可能性がある。さらに、テロリズムについてムスリムだけが非難する姿を晒し続けることにより、見ている側に、逆にイスラームとテロリズムとのつながりを暗に感じさせる結果となる。ムスリムの側はテロリズムを非難し偏見を解消しているつもりであっても、実際は、偏見を助長していることになりかねないのである。

この点についてはマスメディアの果たす役割が非常に大きく、ムスリムの努力だけで変えられるものではないだろうが、ムスリムの側が意識的に対応することから始める必要がある。

2　警察による監視

二〇一〇年には、インターネット上に流出した文書から、警察がムスリム全員をターゲットとして監視していたことが判明した[(7)]。これにつき、一部ムスリムの側に「隠すようなことはしていないから、監視してもらってよい」という態度が見られた。しかし、信仰を理由に監視することはそれ自体が差別であるし、このような監視は信教の自由及びプライバシー権を侵害する。監視が信教の自由の侵害になるのは、その一部を構成する「信仰を推知されない権利」が侵害されることになる上、マスジドに行くなどの信仰行為を控えるようになるなど萎縮効果もあるためである。プライバシー権の侵害になるのは、監視が「自己に関する情報をコントロールする権利」を侵害することによる。プライバシーと秘密は同義ではなく、プライバシーの侵害を安易に認めることは、自分が自分であることを失うことにつながる。すなわち、プライバシーの本質は、自分がどのような人間かを誰にどの範囲でどのように伝えるかを自分で決めることであり、プライバシーがあって初めて、人は自分の行動を真に自分の意思のみで決めることができるのである[(8)]。また、ムスリムがこのような監視を受け入れることは、以後他の人たちが監視される可能性を広げるということにもなる。事実、ムスリム以外についても、政権に都合の悪い人たちの監視が行われていることも明らかになっている(9)。

警察官のマスジドへの立ち入りについても、同じことが言える。マスジドは私有地であり、憲法で保障されている信教の自由からも、管理者の同意のない限り、警察官が令状なく立ち入ることはできない。しかし、実際は金曜礼拝の際など、マスジドの同意の下で警察官が立ち入っている。マスジド側としては、捜査協力したい、イスラームは危ないものではないと理解してもらいたいなどの意図があるものと考えられるが、実際のところ、捜査機関側は情報収集をすることが目的であるので、いくらムスリムの側が協力的であっても、捜査機関がムスリムを犯罪者予備軍と見ることを止めることも、理解を示して捜査対象でなくすることもない。結局のところ、マスジドが警察官の立ち入りに同意することは、ムスリムの信教の自由やプライバシー権の侵害を助長することになるのである。

これに似た事案として、貝塚教会事件がある。これは、二〇一二年五月二七日に神奈川県川崎市のカトリック貝塚教会の敷地内に警察官が敷地内に無断で立ち入り、外国籍の信徒に対して職務質問を行った上、旅券不携帯ない し常時携帯提示義務違反の罪により現行犯逮捕したものである。これに対し、教会側は、管轄警察署長に申し入れをして謝罪を受けたのみならず、国家公安委員会に対しても面会の上要請書を手渡すなどしている。これを受けて警察庁は、全国警察に対して通達を出し、職務執行にあたって信教の自由をはじめとする基本的人権の尊重をするよう伝えている。

この事案では教会の敷地内で職務質問及び現行犯逮捕が行われているので、監視・情報収集が行われているマスジドと全く同じとは言えないが、信教の自由やプライバシー権の重要性は変わらない。ムスリムも、マスジドへの警察官の立ち入りについて再考すべきではないかと考える。

三　ムスリム間の人権状況の改善

ムスリム同士の間でも互いの権利が守られることは、ムスリムが生きやすくなるために当然必要であるし、他のマイノリティと協働する際にも重要である。残念なことに現在は、在日ムスリムの間での人権状況は、非ムスリムの日本社会で見られるよりも悪いように見える。

例えば、筆者が相談を受けただけでも、身体的・精神的・経済的暴力などのＤＶ（ドメスティック・バイオレンス）は、夫から妻に対するものや父から子に対するものなど多くある。その多くにおいて、加害者はイスラームによって加害が正当化されると主張していた。中には、被害者が加害者の思うようにイスラームを実践していないから暴力を振るう、というものもあった。念のため述べるが、イスラームにおいてはどのような形態のＤＶも許されないし、仮に被害者がイスラームを実践していないとしても正当化されるものではない。出身国の文化と深く結びついている部分もあるようであるが、当然ながら文化であっても許されるわけがない。他にも、現代の日本社会では見ないような人種差別や男女差別が、ムスリム間で行われていることを見かけることもある。

他のマイノリティグループとの協働をする上で、ムスリムが他人の権利を侵害していることは障害になりうる。例えば、ムスリムが当たり前のように女性や子どもの権利を侵害していたら、女性や子どもの権利を守るために活動している人たちはムスリムと一緒に活動しようとはならないであろう。ムスリム間の人権状況の改善は、他のマイノリティグループとの協働と同時進行で行う必要がある。

おわりに

個人的には、現在でも日本はムスリムにとって比較的生きやすい社会であると思う。今後、ハラール認証や「おもてなし」のような表面的な事柄にとどまらず、地に足のついた変化として、ムスリムが日本社会の一員として受け入れられるようになることを期待したい。そのためには、ムスリムが自分たちも日本社会の一員であるという自覚を持ち、マイノリティグループの一つとして、他のマイノリティと協働し、多様性に寛容で個々人が尊重される社会の構築に貢献していくことが不可欠であると考える。

本稿執筆の時期が妊娠・出産と重なってしまったために、思うように深い議論ができなかったのが残念であるが、将来、より深い議論をまとめたいと考えている。

注

（1）笹川平和財団主催「日本におけるイスラム理解の促進」講演会シリーズ第一回 早稲田大学 店田廣文教授「日本におけるイスラム～共生のための課題～」https://www.spf.org/global-data/user132/islam_japan/islamseminer_text.pdf?20190729125939

（2）総務省統計局、二〇一九年一一月概算値（同年同月二〇日発表）。https://www.stat.go.jp/data/jinsui/pdf/201911.pdf

（3）文化庁、二〇一六年。『宗教年鑑 平成二九年版』https://www.bunka.go.jp/tokei_hakusho_shuppan/hakusho_nenjihokokusho/shukyo_nenkan/pdf/h29nenkan_gaiyo.pdf

（4）厚生労働省、二〇一八年。https://www.mhlw.go.jp/toukei/list/dl/seikatsu_chousa_b_h28_01.pdf

（5）電通ダイバーシティ・ラボ、二〇一五年。https://www.dentsu.co.jp/news/release/pdf-cms/2015041-0423.pdf#page=2

（6）電通ダイバーシティ・ラボ、二〇一五年。https://www.dentsu.co.jp/news/release/pdf-cms/2015041-0423.pdf#page=2
（7）青木理・梓澤和幸・河﨑健一郎編著『国家と情報』現代書館、二〇一一年。
（8）エドワード・スノーデン・青木理・井桁大介・金昌浩・ベン・ワイズナー・マリコ・ヒロセ・宮下紘『スノーデン　日本への警告』集英社（集英社新書）、二〇一七年。
（9）大垣警察市民監視事件。

［著者略歴］

林　純子（はやし　じゅんこ）

弁護士。東京弁護士会外国人の権利に関する委員会副委員長。ムスリム違法捜査弁護団等。弁護士法人パートナーズ法律事務所所属。『外国人の法律相談　改訂版』（共著）、学陽書房、二〇一八年。

あとがき　東洋文化研究所の窓から

長沢栄治

長沢栄治（ながさわ　えいじ）

一九七六年四月東京大学経済学部卒業。アジア経済研究所勤務を経て、一九九五年四月東京大学東洋文化研究所助教授、一九九八年四月同教授（二〇一九年三月まで）。東京大学名誉教授。専門は、中東地域研究・近代エジプト社会経済史。主な著作に、『アラブ革命の遺産　エジプトのユダヤ系マルクス主義者とシオニズム』平凡社、二〇一二年、『エジプトの自画像　ナイルの思想と地域研究』平凡社、二〇一三年、『近代エジプト家族の社会史』東京大学出版会、二〇一九年がある。

二〇一九年二月九日、東京大学東洋文化研究所の大会議室において、シンポジウム「日本のイスラームとクルアーン」が開催された。本書は、この研究集会の成果をもとにして執筆・刊行されたものである。シンポジウムの当日は、大雪の悪天候が予想され、朝から心配していた。しかし、それは杞憂に終わり、多くの方が参加され、寒さを跳ね返すような熱心な議論が行われた。

この会議室では、これまでも何回か日本社会とイスラームに関するテーマのセミナーが開かれてきた。記憶に強く残っているのは、二〇一五年一月にIS（「イスラーム国」：ダーイシュ）による日本人ジャーナリスト人質殺害事件や、パリのシャルリ・エブド社襲撃事件が起きた直後に開催されたセミナーである。このTUICS特別セミナー「ムスリムは現在の問題をどのように考えているか」（同年二月一九日）では、事件を受けてのムスリムの青年たちとの意見交換が目指された（本セミナーを主催したのは、東大に留学中のムスリム学生による学生団体、東京大学イスラーム文化研究会（TUICS）である。シャルリ・エブド事件については、ケヴィン・バレット『シャルリ・エブド事件を読み解く』板垣雄三監訳、第三書館を参照）。

また、こうしたテーマと関連して、この会議室では、科研費研究プロジェクト「イスラーム・ジェンダー学構築のための基礎的総合的研究」の公開シンポジウム、「イスラモフォビアの時代とジェンダー」（二〇一七年六月二四日）、「共生とマイノリティ」（二〇一八年六月二三日）が開かれたことにも言及しておきたい。この科研費のテーマとの関係で指摘しておくなら、今回のシンポジウムの報告者、および本書の執筆者の六名のうち四名が女性であることにも注目したい。実は他の地域や専門分野の研究と比較して、中東・イスラーム研究において女性研究者の数が多く、その活躍が目立っていることの反映であろう。加えていえば、日本ムスリム協会の会員の半数以上が女性であると聞くが、このこともまた、日本社会とイスラームの関係の一つの重要な側面を表わしているように思う。

日本におけるムスリム人口の増加は著しい。また中東・イスラーム研究の発展も目覚ましく、数多くの専門書や啓蒙書がこれまで出版されてきた。しかし、イスラームをどのように語るのかについては、さまざまな異なった見解が示されているのも確かである。その点で考えるなら、専門家の責任はますます重要になっているといえよう。そうしたことを考えながら、本書を読む場合に、これまでの先人の誠実な研究の歩み、あるいは信仰生活の連なりを振り返ることも重要なことのように思える。

この「あとがき」を結ぶに当たり、最後に言及しておきたいことがある。日本におけるイスラームの正しい理解に向けて、また世界の宗教間対話の促進において、長年尽力されてきた樋口美作先生（日本ムスリム協会前会長）が、シンポジウム開催後の二〇一九年四月初めに逝去された。東京ジャーミーで葬儀が執り行われた翌日、山梨県甲州市塩山にあるイスラム霊園を訪れる機会を得た。満開の桜の花の下、まだ新しい先生のお墓に供えられたお花の一部は、近くの知己のムスリムの先人たちの墓の上にも分けて供えられており、その向こうを眺めると、眼下には甲府盆地の穏やかな春の景色が広がっていた。

日本のイスラームとクルアーン——現状と展望◆資　料

シンポジウム「日本のイスラームとクルアーン」

テロなど時事的な勢いが退く中、正面から宗教としてのイスラームに関心が傾きつつある。このような潮目の変化を背景として、本シンポジウムにおいては、日本におけるイスラームとクルアーン、さらにイスラーム学の現状を分析し、今後の展望を得ることを目的とする。なお、クルアーンの新訳（『クルアーン—やさしい和訳』水谷周監訳著・杉本恭一郎訳補完）が２月初めに出る予定であり、それは当日配布する。

日時：2019 年２月９日（土）13:30～17:00
場所：東京大学東洋文化研究所３階大会議室
講演：開会挨拶　長沢栄治　東京大学教授　5分
講師　水谷　周　イマーム大学アラブ　イスラーム学院学術顧問
「クルアーン和訳と日本のイスラーム」　30 分
大川玲子　明治学院大学教授
「世界のクルアーン解釈と日本」　同上
休憩　10 分
塩尻和子　東京国際大学教授、筑波大学名誉教授
「日本のイスラーモフォビア」　30 分
四戸潤弥　同志社大学教授
「イスラーム学と日本のイスラーム」　同上
林　純子　東京弁護士会外国人の権利に関する委員会副委員長
「日本のイスラーム—法曹界から」　同上
質疑応答　35 分
締めくくりと閉会の挨拶　徳増公明　日本ムスリム協会会長
10 分

共催：東京大学東洋文化研究所班研究「中東の社会変容と思想運動」
（宗）日本ムスリム協会

長沢栄治 東京大学教授

質 疑 応 答

徳増公明 日本ムスリム協会会長

シンポジウム会場風景

日本のイスラームとクルアーン
——現状と展望——

2020年３月10日　初版第１刷発行　　＊定価はカバーに表示してあります

編　者　日本のイスラームとクルアーン編集委員会©
発行者　植　田　実
印刷者　江　戸　孝　典

発行所　株式会社　晃　洋　書　房
〒615-0026　京都市右京区西院北矢掛町７番地
電話　075(312)0788番(代)
振替口座　01040-6-32280

装丁　尾崎閑也　　印刷・製本　共同印刷工業㈱

ISBN978-4-7710-3310-8